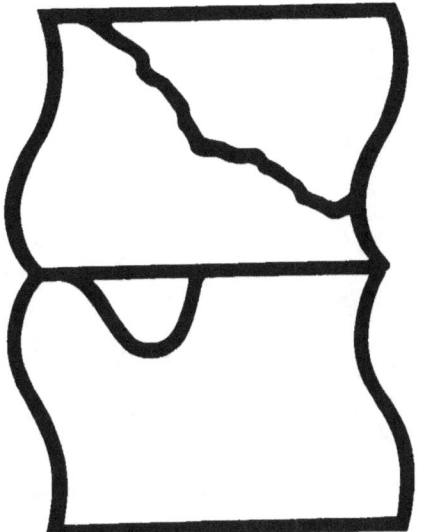

Texte détérioré — reliure défectueuse
**NF Z 43-120-11**

EXPOSITION RÉTROSPECTIVE

DE

# L'ART FRANÇAIS

EN 1900

PAR

GASTON MIGEON

CONSERVATEUR ADJOINT AU MUSÉE DU LOUVRE

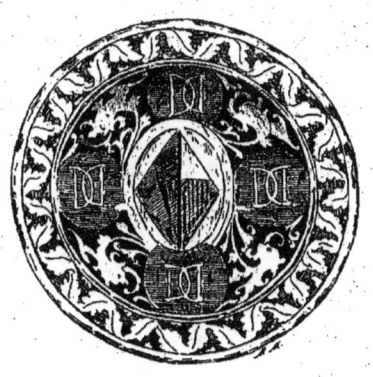

PARIS
H. WELTER, ÉDITEUR
4, RUE BERNARD-PALISSY, 4
—
1900

# EXPOSITION RÉTROSPECTIVE
## DE
# L'ART FRANÇAIS
### EN 1900

EXPOSITION RÉTROSPECTIVE

DE

# L'ART FRANÇAIS

## EN 1900

PAR

GASTON MIGEON

CONSERVATEUR ADJOINT AU MUSÉE DU LOUVRE

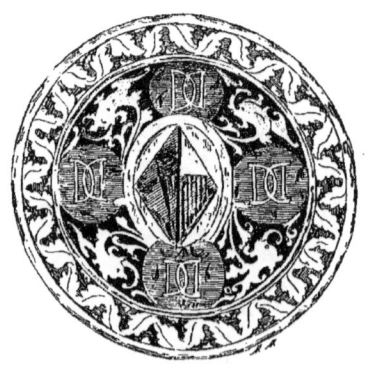

PARIS

H. WELTER, ÉDITEUR

4, RUE BERNARD-PALISSY, 4

1900

# AVANT-PROPOS

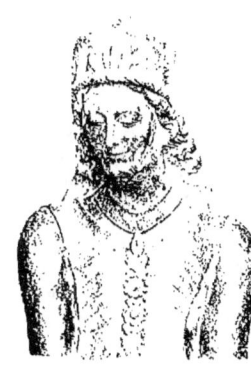

BUSTE DE FEMME (XVe SIÈCLE)
collection de M. Oppenheim.

Après qu'on eut décidé que sur l'emplacement de l'ancien palais de l'Industrie, deux palais seraient édifiés, séparés par une avenue triomphale qui des Champs-Elysées mènerait au pont Alexandre III, il fallut prendre parti sur la destination de chacun d'eux. On résolut d'organiser au Petit Palais une exposition rétrospective des arts industriels de la France, depuis les origines gallo-romaines jusqu'à la Révolution. L'œuvre était immense et n'avait pas encore été tentée avec une pareille ampleur : les expositions rétrospectives de 1867 et plus encore celle de 1889, avaient en effet été assez restreintes. Celle de 1878 s'était appliquée aux arts de tous les pays, sans vue d'ensemble, sans intention didactique. L'abondance des monuments d'art français, que nous avions pour ainsi dire sous la main, et dont notre pays pouvait à lui seul fournir presque tous les éléments, était une raison déterminante de se limiter à une exposition d'art national.

On eut l'heureuse idée de s'adresser, pour organiser cette exposition, à l'homme le plus capable de la mener à bien, M. Emile Molinier, conservateur au musée du Louvre. Résolu justement à ne pas toucher à un objet des musées de Paris, il dut puiser à trois sources, et à part quelques exceptions qu'il conviendra de signaler, il les trouva intarissables : les musées de province, les trésors d'églises, les collections particulières. Grâce au bienveillant concours de la Direction des cultes, les trésors d'églises se dépouillèrent de leurs plus merveilleuses richesses, et l'on trouva chez tous les archevêques et évêques une collaboration aussi généreuse qu'éclairée. Les monuments d'art religieux furent groupés en trois salles auxquelles les plus belles tapisseries de nos cathédrales apportèrent une parure majestueuse. D'autre part, les amateurs montrèrent une abnégation à laquelle on ne saurait rendre un trop juste hommage. Ils comprirent qu'il était patriotique de donner à cette exposition la portée la plus haute. Quant aux municipalités, elles apportèrent le même désintéressement et le même esprit d'union. C'est grâce à tous ces concours que l'exposition rétrospective devint la plus grandiose glorification qui se soit encore produite de notre art national ancien. Nous allons en présenter les grandes lignes, en suivant l'ordre des séries, telles qu'elles ont été classées logiquement. L'intérêt des études archéologiques nécessitait ce classement ; ceux mêmes qui n'apporteront à leurs visites qu'une curiosité superficielle y trouveront aussi un enseignement.

## LA PEINTURE

L'Exposition rétrospective de 1900 étant avant tout consacrée aux objets d'art industriel et religieux, la peinture et la sculpture n'y sont intervenues qu'accessoirement et comme éléments de décoration de salles ou d'ensembles mobiliers. Là où il n'y a pas eu classement méthodique et systématique, il ne saurait y avoir étude au sens vrai du mot ; nous n'aurons donc ici qu'à appeler l'attention sur quelques œuvres plus ou moins célèbres.

Il ne subsiste en France aucun monument de peinture, antérieur au xiv° siècle, qui ne soit de décoration murale ; c'est, pour le xi° siècle, l'église Saint-Julien de Tours, et le temple Saint-Jean, à Poitiers ; pour le xii° siècle, les remarquables décorations de l'église de Saint-Savin (Vienne) et du Liget, en Touraine ; et pour le xiii° siècle, celles de l'église de Montmorillon, de Saint-Julien de Brioude, de l'église Saint-Quiriace de Provins, et de la cathédrale du Puy. Le rôle de la décoration murale dans les églises, et dorénavant dans les demeures seigneuriales que les rois de France ou leurs vassaux firent édifier, ne déchut pas au cours des xiv° et xv° siècles. D'anonyme qu'elle avait été jusqu'alors, l'œuvre des artistes devint personnelle, et nous sommes éclairés par les documents d'archives et les comptes ou inventaires publiés à ce jour.

Une seule œuvre du xiv° siècle est venue à Paris, c'est une toile peinte, collée sur un panneau de bois, et représentant une *Mise au tombeau*. Elle appartient à Villeneuve-lez-Avignon ; elle est de Simon de Châlons. On y trouve les portraits d'Innocent VI et de son neveu, le cardinal Pierre de Montirac, évêque de Pampelune. Ils furent les fondateurs de la Chartreuse de Villeneuve.

On sait de quelles faveurs, au milieu du xv° siècle, René d'Anjou, celui qu'on appela le roi René, entoura les artistes de son temps, et que la légende, accréditée par une page de Brantôme, voulut voir en lui-même l'auteur de maintes peintures qui nous ont été conservées. On lui attribua longtemps la *Trinité* de l'hospice de Villeneuve-lez-Avignon, jusqu'au jour où l'abbé Requin découvrit le nom d'Enguerrand Charonton, originaire du diocèse de Lyon, et véritable auteur du retable qui ornait l'autel de la chapelle de la cité de Dieu à l'église des Chartreux. La Trinité y apparaît, couronnant la Vierge et les trois Églises, la triomphante, la militante et la souffrante. On y constate une influence flamande très marquée, une recherche du caractère individuel dans les figures, qui firent longtemps considérer l'œuvre comme bourguignonne, ainsi que le pensait M. de Tauzia lui-même.

Ce désir de voir quand même un artiste dans le roi René, nous le retrouvons dans l'attribution persistante qui lui est faite d'un petit diptyque de la collection Chabrière-Arlès qui nous conserve ses traits ainsi que ceux de son épouse Jeanne de Laval. Les archives nous ont transmis les noms de plusieurs artistes qu'il employa : l'un d'eux, Copin Delf, qui lui survécut, peignit pour l'église Saint-Pierre du Martray, à Loudun,

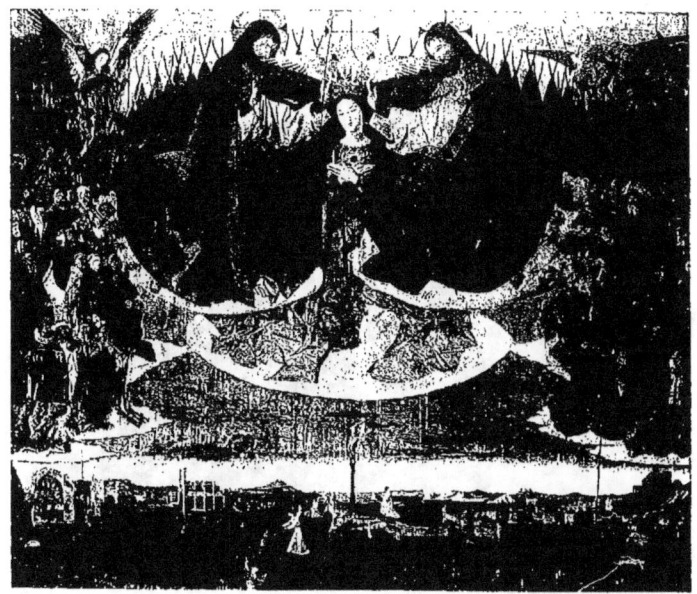

Charonton. Le Couronnement de la Vierge (XVe siècle)
Villeneuve-lez-Avignon.

un panneau représentant la Vierge et l'Enfant. Un autre peintre attitré du roi René fut ce Nicolas Froment, totalement inconnu jusqu'au jour où des documents révélèrent qu'il était l'auteur du triptyque conservé dans la cathédrale d'Aix. *Le buisson ardent*. Le diocèse d'Aix a compris le grand intérêt qui s'attachait à l'étude de cette œuvre. Au centre Moïse assis voit apparaître dans le buisson la Vierge et l'Enfant Jésus ; sur chaque volet, le roi René et sa femme Jeanne de Laval sont agenouillés ; derrière eux se tiennent leurs saints protecteurs. Très longtemps considérée comme flamande, cette œuvre porte un caractère de réalisme presque brutal. Le paysage est d'une exécution remarquable. A peu près de la même époque semble être un grand retable de Saint Antoine de Loches, une crucifixion entre le portement de croix et la mise au tombeau. Du xvᵉ siècle encore sont des panneaux de la confrérie de Nôtre-Dame du Puy à Amiens, ceux du musée de Moulins, à fonds d'or gaufré et un triptyque de l'église de Thenay.

Des dernières années du xvᵉ siècle nous est restée une œuvre considérable, et où les progrès dans la technique même sont manifestes. C'est le *Triptyque de la cathédrale de Moulins*, longtemps attribué à l'école italienne, mais qui est bien essentiellement français. La Vierge glorieuse y est adorée par Pierre de Bourbon et par

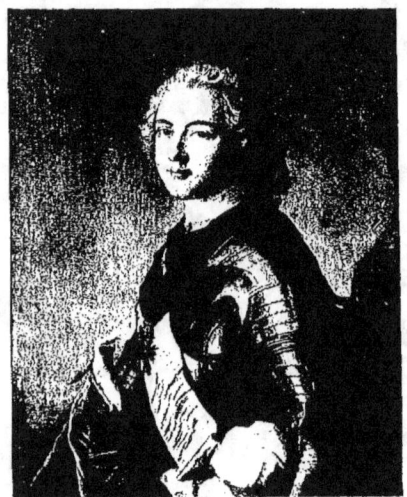

Nattier. — Le Comte de Toulouse (collection de M. Jules Beer).

Anne de France accompagnée de leur fille Suzanne encore enfant. L'âge probable de cette dernière permit de dater cette œuvre de 1498 ou 1499. C'est une œuvre admirable, où le réalisme de l'époque se tempère d'une grâce et d'un charme infinis.

Tandis que Bourdichon et Jean Perréal triomphaient à Paris et à Lyon, vivait à Douai un dernier représentant de l'école flamande primitive, Jean Bellegambe (1470-1534). Nous pouvons admirer ici deux de ses œuvres capitales, deux triptyques de la cathédrale d'Arras, l'*Adoration des bergers et des mages*, et la *Crucifixion* entre saint Antoine et saint Roch, ce dernier aux armes de l'abbaye de Saint-Waast.

Il est toute une série d'œuvres d'étroite parenté, qui toutes sont assez voisines de

1520, et à laquelle il faudra bien un jour consacrer une étude un peu complète ; elles proviennent de la confrérie de Notre-Dame du Puy d'Amiens, et sont maintenant dispersées dans mainte église de la région. L'un de ces morceaux se retrouve au musée de Cluny. L'église Sainte-Marthe de Tarascon a prêté un beau panneau à fond d'or avec des figures de saints, daté de 1513 ; le musée du Puy un portrait d'Henri II, de 1555.

Les salles de mobilier des XVIIe et XVIIIe siècles auraient été bien incomplètes si quelques beaux portraits n'étaient pas venus contribuer à leur décoration. Les portraits équestres de Henri IV et de Marie de Médicis appartiennent au musée de la Rochelle. De *Rigaud* sont les merveilleux portraits du cardinal Fleury, au musée de Perpignan, et du président Gaspard de Guéïdan, au musée d'Aix, que la fantaisie charmante du peintre a costumé en berger. Les portraits de *Largillière*, celui d'un magistrat, de la collection Gérôme, et celui d'une dame en bergère, de la collection Deutsch, sont de premier ordre.

*Chardin* est représenté par trois portraits merveilleux, et l'on sait qu'ils sont relativement rares dans son œuvre. C'est son propre portrait, de la collection Bureau, celui d'une dame vêtue d'une robe rouge et qui est d'une admirable couleur (collection Dollfus) et celui de Rameau, du musée de Dijon. Il sera permis de discuter sur un remarquable portrait de femme exposé par M. Reyre. Il y eut au temps de Watteau tant d'artistes capables de telles œuvres, qu'il pourrait sembler présomptueux de le lui attribuer.

Le portrait du comte de Toulouse par *Nattier* qu'a bien voulu prêter M. Jules Beer, celui de

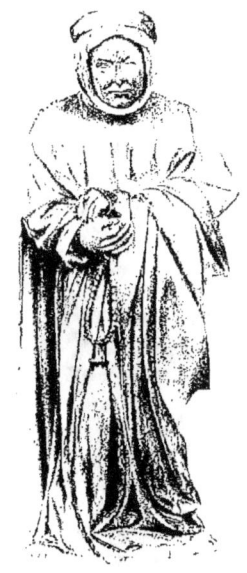

PLEUREUR DU TOMBEAU DE PHILIPPE LE HARDI
collection de M. le baron Arthur de Schickler).

*Drouais*, de la collection Schneider, celui du comte de Florentin par *Tocqué*, représentent éminemment les plus beaux portraitistes de l'époque. Les maîtres secondaires *Vestier*, *Taraval* et *Callet* eux-mêmes ne sont pas oubliés.

*Greuze* enfin figure avec une splendide composition, *L'Innocence enchaînée par les Amours et suivie du Repentir*. Commandé à Greuze par Catherine de Russie, ce magnifique tableau offre des morceaux entiers traités avec une maîtrise digne de Rubens. Il appartient à M. le baron de Schlichting.

## LA SCULPTURE

Pour la sculpture, ainsi que nous le remarquerons plus loin pour les ivoires, il était indispensable de commencer la série par quelques monuments gallo-romains. N'est-ce pas un des trois éléments qui concoururent à former notre art du moyen âge, ainsi que les travaux de Louis Courajod ont tendu pendant tant d'années à le démontrer surabondamment? Mais la démonstration n'aurait été vraiment intéressante que par la présentation d'un grand nombre de sarcophages chrétiens, immobilisés par leur poids aux musées d'Arles ou de Toulouse. Deux pierres d'autel, et quelques statues trouvées dans le sol de nos provinces ont pu seuls être réunis.

Le chapiteau est un des organes de la décoration sculptée qui révèle le plus complètement les influences complexes où s'élaborèrent l'art roman et l'art gothique. En dehors d'un petit bas-relief, provenant du musée de Limoges, et du moulage de la frise de l'église de Dax, qui sont du XIe siècle, un certain nombre de chapiteaux du XIIe siècle sont venus des musées de Saintes, de Tarbes, d'Avignon, de Saint-Omer et de la bibliothèque de Bordeaux, où se retrouvent les entrelacs barbares et les bêtes stylisées conçues par l'imagination orientale. — Deux chefs-d'œuvre de la sculpture romane sont les deux figures de marbre de l'*Annonciation* dont le musée des Augustins de Toulouse a bien voulu laisser prendre les moulages. Provient du musée de Moulins une sculpture en pierre des plus intéressantes. *Le Christ entre deux apôtres.*

C'est dans les cathédrales du XIIIe siècle que la sculpture de l'époque doit être étudiée, et l'on ne saurait faire trop de sacrifices pour en multiplier les moulages qui seuls en permettront l'étude dans un musée tel que celui du Trocadéro.

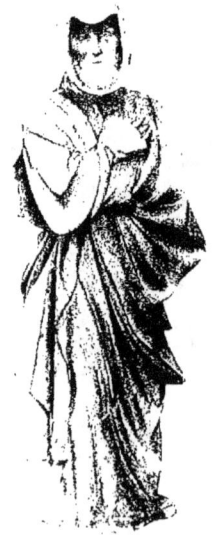

PLEUREUR DE TOMBEAU DE PHILIPPE LE HARDI (collection de M. le baron Arthur de Schickler).

Au caractère idéaliste dont sont empreintes toutes les œuvres du XIIIe siècle avait succédé, au XIVe et surtout au XVe siècle, un caractère plus étroitement réaliste ; on peut le constater dans une statue en marbre grandeur nature représentant un ange (collection Schiff), et dans une tête de femme en bas-relief du musée d'Arras, qui sont toutes deux du XIVe siècle.

Grâce au bienveillant concours de deux amateurs qui ont consenti à s'en priver pendant plusieurs mois, deux séries de petites sculptures de pierre, dont peut à juste titre s'enorgueillir l'art français, ont pu se trouver réunies. Ce sont 4 figures de pleureurs provenant du tombeau de Philippe le Hardi (collection de M. le baron Arthur de Schickler) et trois pleureurs provenant du tombeau du duc de Berri à Bourges, aujourd'hui en la possession de M. le marquis de Vogüé. — Si le tombeau de Philippe le Hardi est dû à la collaboration successive de Jean de Marville, de Sluter et de Claus de Werve, c'est bien à ce dernier qu'on doit la presque totalité de ces figures de pleureurs, d'expression si émouvante, et c'est de 1404 à 1412 qu'elles durent être exécutées. Quand le duc de Berri voulut élever dans sa chapelle de Bourges un mausolée comparable à celui que son frère venait d'ériger à Dijon, il en chargea Jean de Cambrai, l'élève d'André Beauneveu. Depuis les beaux travaux de M. de Champeaux, nous savons maintenant que c'est à Paul Mosselmann qu'il faut attribuer les belles statuettes de pleureurs, qui, pour l'intensité du sentiment et la vie expressive et concentrée, ne le cèdent en rien à ceux de Dijon. — On admirera beaucoup aussi six figurines de pierre inachevées et seulement épannelées, Dieu le père, la Vierge, saint Jean, saint Christophe, sainte Anne et la Vierge, de la bibliothèque de Grenoble, ainsi que deux petites figures de saint Denis et d'un moine de la collection Moreau Nélaton. — Un buste de femme, d'un charme tout particulier, paraît être un fragment d'une grande statue tombale du XV<sup>e</sup> siècle (collection Oppenheim). — Le musée de Moulins a envoyé une petite vierge en marbre, très complète et tout à fait exquise, ainsi qu'une bonne figure de saint Jean, et un chef de saint Évêque en pierre du plus grand caractère. Un bas-relief du musée d'Aix nous donne, en un calcaire compact, à grain très fin, une effigie du roi René, qu'il est intéressant de rapprocher des quelques portraits peints où l'on veut retrouver ses traits. Il est ici représenté la tête couverte d'un bonnet, avec un vêtement fourré au col. Au revers sont ses armes gravées en intailles. Cette pierre aurait été découverte à Avignon, dans les fondations d'une ancienne maison.

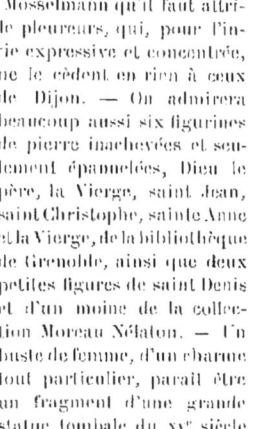

SAINTE MARTHE, XVI<sup>e</sup> SIÈCLE
Cliché tiré de l'ouvrage sur la Champagne par MM. Koechlin et Marquet de Vasselot (collection de M. Léopold Goldschmidt).

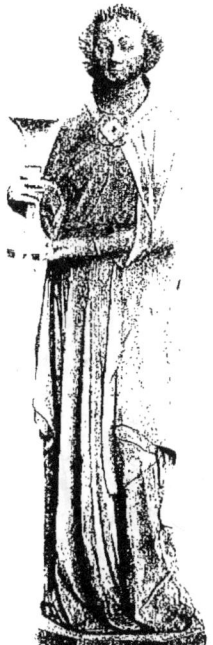

ANGE, MARBRE GRANDEUR NATURE.
(collection de M. Schiff).

Ainsi qu'aux siècles précédents, la sculpture du xvi° siècle fleurit aux quatre coins de la France en monuments merveilleux ; l'histoire ne pourra en être vraiment débrouillée que lorsque des monographies spéciales à chaque province nous en auront fait connaître tous les éléments. Les monuments sont ici tout à fait insuffisants à en indiquer les grandes lignes. Les uns ne sont que très curieux, comme cette gourde reliquaire en pierre du musée du Puy, où apparaît d'un côté le portrait de Louis XII. D'autres sont trop peu de chose, bien que très intéressants, comme les deux têtes de femmes des musées de Chartres et de Moulins. Le vieillard portant une couronne d'épines, du musée de Compiègne, est sans doute un fragment d'une mise au tombeau ; la vierge en albâtre du musée de Moulins est un excellent échantillon de l'école de la Loire, et comme un reflet de Michel Colombe. — Les ateliers champenois sont mieux caractérisés, par un bas-relief en marbre, représentant la purification et l'étoile apparaissant au berger (église Saint-Nicolas à Troyes), par deux figures de l'Architecture et de la Prière, de la collection Schiff, par une autre symbolisant la Force, de la collection Raymond Koechlin, par une sainte Barbe, à M. Ch. Gillot, et surtout par une admirable statue de sainte Marthe appartenant à M. Léopold Goldschmidt. L'École de sculpture champenoise, si féconde au xvi° siècle, n'aura plus de secrets pour nous, depuis les travaux considérables et si complets que lui ont consacrés MM. Raymond Koechlin et Marquet de Vasselot.

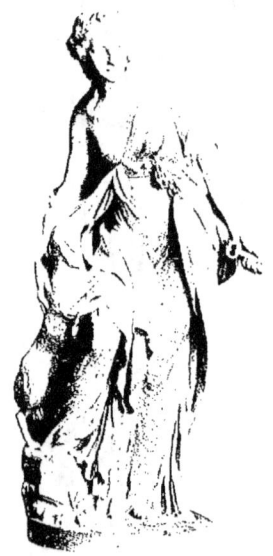

COYZEVOX. STATUE MARBRE
(collection de M. le comte Moïse de Camondo).

Il est fort heureux qu'on ait pu faire venir de l'évêché d'Orléans le buste en bronze si peu connu de Jean de Morvilliers, garde des sceaux, mort en 1552, œuvre d'une superbe et sévère tenue, de Germain Pilon, où se retrouvent toutes les grandes qualités des bustes de Henri II et de Henri III du Louvre; ainsi que le buste en bronze, par Guillaume Dupré, du connétable de Lesdiguière, à la bibliothèque de Grenoble.

Quelques bronzes de Jean de Bologne étaient indispensables pour jouer leur rôle décoratif dans certains ensembles de mobilier ; les collections particulières en ont fourni de beaux exemplaires.

En dehors de deux admirables bronzes de *Coyzevox* prêtés par M. le baron Gustave de Rothschild, les sculpteurs du règne de Louis XIV sont insuffisamment représentés. La sculpture du xviii° siècle, de la Régence à la Révolution, fournit au contraire un ensemble d'œuvres tout à fait remarquables, surtout pour la petite

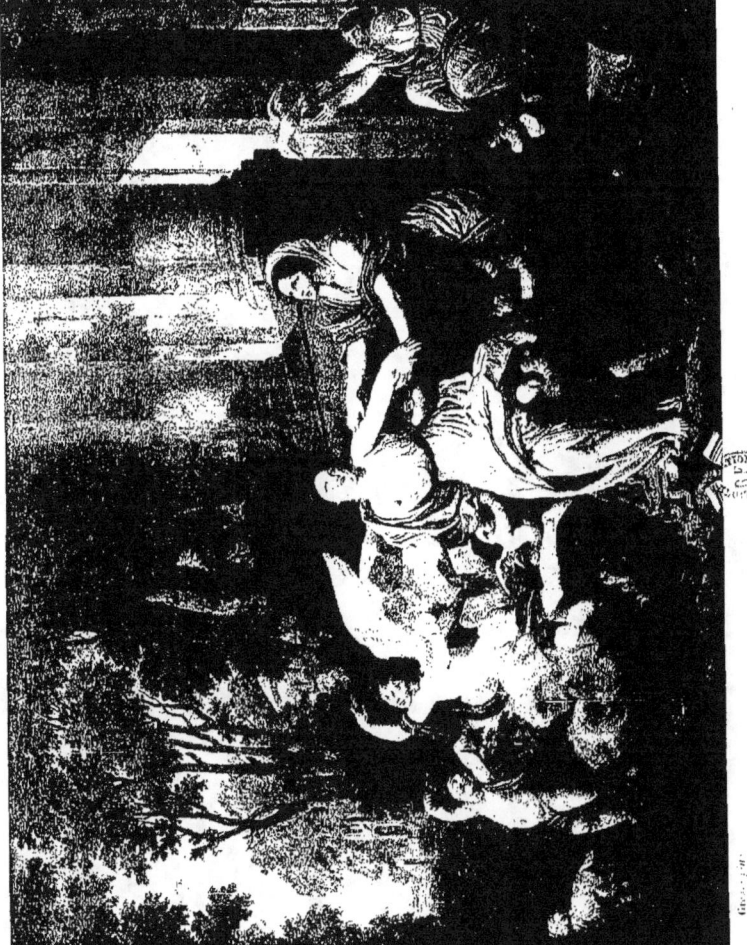

L'Innocence enchaînée par les Amours et suivie du Repentir
(collection de M. le baron de Schlichting).

sculpture. Jean-Baptiste Lemoyne y figure avec la statue en bronze de Louis XV, du musée de Bordeaux ; Pigalle avec un délicieux marbre de Diane à M. Moïse de Camondo, et avec un beau buste d'homme en terre cuite, du musée Saint-Jean d'Angers.

Diderot fut intarissable sur le chapitre de Falconet, auquel il reconnaissait du génie : l'affirmation était peut-être téméraire, mais il faut convenir que c'était un artiste singulièrement habile et qui en de petites œuvres sut apporter dans les nus un frémissement de vie, une palpitation des chairs tout à fait remarquables : le petit groupe de marbre de la collection Boy est là pour l'attester, avec l'exquise petite femme nue, peut-être la Dubarry, du musée de Lons-le-Saulnier, ainsi que la Vénus en cire colorée de la collection Barbedienne.

*Caffieri* sut affirmer sa supériorité par des qualités plus mâles dans des œuvres fermes et volontaires ; la statuette de femme en marbre à M. le comte Moïse de Camondo est d'une grâce infinie, mais le portraitiste aigu se retrouve dans le superbe buste en terre cuite de Piron, du musée de Dijon.

Que dire de Pajou, si ce n'est qu'il est le charme même ? Ses plus belles œuvres sont au Louvre, et

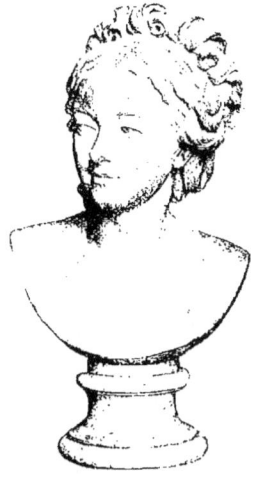

Pajou. — BUSTE DE FEMME
(collection de M. H. Deutsch de la Meurthe).

cependant quelle aubaine d'avoir pu faire connaître cet admirable buste de femme daté de 1789, de la collection Deutsch !

Ceux qui aiment Clodion (se peut-il qu'on ne l'aime pas ?), trouveront amplement à se réjouir. Il a pris plus de place que les autres, mais c'était justice dans une exposition qui ne s'est pas proposé de présenter l'histoire de la grande sculpture. Il est ici à sa place, et à la première, à côté des décorateurs, avec ses terres cuites exquises, œuvres spontanées, faciles et libres où sa verve se dépensait. Ce sont les bas-reliefs du musée de Cherbourg, la frise de la collection Haviland, le merveilleux groupe de bacchantes de M. le comte Moïse de Camondo, et le joli groupe en terre cuite du Docteur Cornil, *Le Rhin séparant*

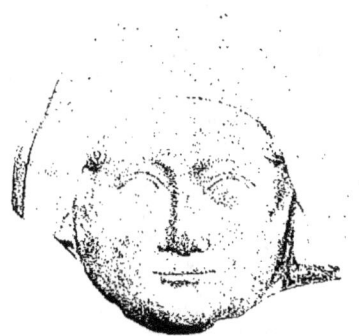

MASQUE DE FEMME, XIV° SIÈCLE

*ses eaux.* — Le nom de Marin se trouve lié, par une sorte d'accord artistique, avec celui de Clodion, et des œuvres comme le buste d'enfant et la femme nue tenant une coupe levée, de la collection Jules Porgès, sont dignes de toute admiration.

Finir le siècle avec Houdon, c'est le fermer par un nom qui éclipse tous les autres. Il fallait le taire, ou montrer un chef-d'œuvre. La rétrospective en fait connaître deux : le buste du président Houdry, du musée d'Orléans, et le buste de Barnave, à la bibliothèque de Grenoble.

## LES IVOIRES

On peut, avec les ivoires, constituer une série presque ininterrompue de monuments dont un assez grand nombre à dates certaines, et établir complètement l'histoire d'un art qui fut éminemment national. On pouvait craindre que la collection du musée du Louvre, une des plus riches du monde, n'eût absorbé le plus grand nombre des monuments capitaux : fort heureusement, les musées départementaux et quelques collections particulières en ont conservé quelques-uns que le Louvre pourrait leur envier.

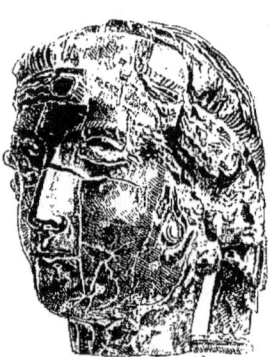

TÊTE EN IVOIRE
(musée de Vienne, Isère).

Bien qu'ils ne soient pas nés sur le sol même de la Gaule, il a paru intéressant de montrer quelques spécimens des ivoires latins, plaques de diptyques consulaires ou pyxides, qui sont d'excellents points de départ, et offrent tant de motifs décoratifs dont nous constaterons ensuite la dégénérescence ou les transformations, en Orient comme en Occident. La tête de femme du musée de Vienne est un admirable morceau. Elle reste un des plus beaux antiques qui aient été restitués par le sol de la Gaule, et l'on ne saurait trop admirer le sentiment de force calme et d'éternelle sérénité que l'artiste a su lui donner.

On sait que les consuls de l'Empire romain avaient pris l'habitude, le jour de leur installation en charge, d'envoyer des diptyques, c'est-à-dire deux tablettes d'ivoire, réunies par des charnières, à l'empereur et à leurs amis. Presque tous ces monuments sont aujourd'hui classés dans les collections publiques. Très important est le diptyque orné au centre d'un médaillon circulaire bordé de perles, de volutes et de palmettes d'un beau style, renfermant le nom du consul Justinianus, et à chaque angle d'une rosace en fort relief avec un mufle de lion. Ce diptyque, très semblable à celui de la collection Trivulzio à Milan, est passé de la collection Aymard du Puy dans celle de M. Sigismond Bardac. Souvent ces diptyques sont anonymes, tel celui du musée de Bourges, où le consul apparaît assis sous une arcature, sur un siège bas entre deux jeunes assistants, tenant en mains le flabellum. Au-dessous de lui, des bestiaires transpercent des tigres de leurs épieux. Les particuliers eux-mêmes avaient emprunté cette ancienne mode aux consuls, pour annoncer à leurs amis les événements heureux de leur vie. Les souvenirs

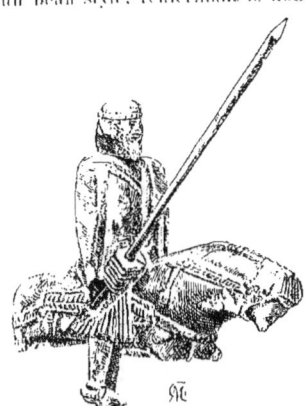

CAVALIER PION D'ÉCHIQUIER
(collection de M. Maignan).

mythologiques y sont fréquents. Le musée de Sens nous montre un manuscrit, la fameuse *Prose de l'Ane*, recouvert de deux plaques d'ivoire où sont représentés le lever du soleil et de la lune, sous les traits de Bacchus Hélios, debout et nu, tenant un thyrse, sur un char que traînent un centaure et une centauresse, et de Diane, debout, portant une torche sur un char attelé de deux taureaux. Des divinités marines, des scènes de vendanges ornent les fonds.

Un certain genre de boîtes, où les femmes romaines devaient mettre des parfums, fut imité par la suite dans les boîtes cylindriques de mobilier ecclésiastique où l'on conservait les hosties. Ce sont les pyxides. Elles se datent à peu près du Ve au VIIe siècle, sont d'un travail assez grossier, et virent sans doute le jour en Italie.

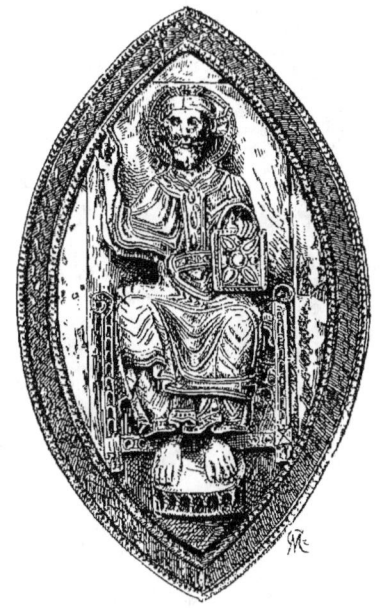

CHRIST DE MAJESTÉ, ÉPOQUE ROMANE
(collection de M. Canope).

Beaucoup de leurs sujets, dérivés de l'art byzantin, se retrouvent sur les sarcophages chrétiens. Telles sont celle du musée de Rouen où se trouve l'adoration des mages et des bergers, et celle de la cathédrale de Sens où des hommes à pied et à cheval combattent des lions et des tigres.

Il est un certain nombre d'objets, bien plus souvent en os qu'en ivoire, qu'on ne peut vraiment pas dénommer de façon absolue mérovingiens, car les fouilles faites sur divers points de l'Europe en ont fourni qui offrent une décoration à peu près analogue. Ils proviennent souvent de sépultures barbares du v<sup>e</sup> au vii<sup>e</sup> siècle, petits coffrets ou peignes, et offrent une ornementation gravée sommaire, sans caractère déterminé. Tels sont les peignes de la Société archéologique de Touraine et du musée de Reims, repercés de croisettes, ou gravés de disques ponctués. Celui du musée de Cambrai montre aux extrémités des têtes d'oiseaux, celui du musée de Reims a une frise d'animaux découpés à jour.

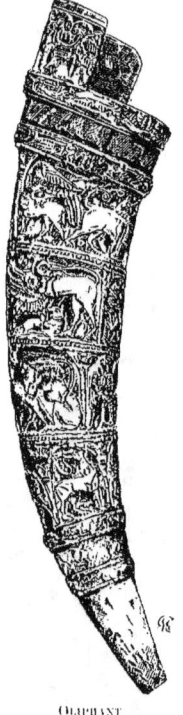

OLIPHANT
(musée de Toulouse).

Ce n'est qu'au viii<sup>e</sup> siècle et surtout au ix<sup>e</sup>, en pleine Renaissance carolingienne, qu'on peut grouper un ensemble de monuments d'ivoire bien homogène, où se font sentir combinées les trois influences, antique, byzantine et orientale. Le musée d'Amiens a envoyé un petit bas-relief du x<sup>e</sup> siècle. Le musée historique d'Orléans une grande plaque rectangulaire très importante où se voient le Christ piétinant le Démon, entre Moïse et Isaïe, et dans la partie inférieure causant avec les Apôtres. La boîte de la cathédrale de Lyon sur laquelle des hommes luttent contre des animaux est extrêmement intéressante. Un des objets carolingiens les plus anciens semble être la ceinture de saint Césaire de Notre-Dame de la Major à Arles, où la boucle est décorée de deux soldats armés de lances, dormant appuyés sur un édicule.

Les ateliers monastiques fabriquèrent, aux ix<sup>e</sup> et x<sup>e</sup> siècles, une série qui mérite qu'on s'y arrête, et qui offre presque uniquement la représentation du drame de la Passion. Parmi ces crucifixions, les unes sont très influencées d'art byzantin, les autres sont, autant que peuvent l'être des œuvres de cette époque, assez spontanées et libres. L'Évangéliaire de Gannat, très semblable à la couverture du manuscrit 9453 de la Bibliothèque Nationale, a du moins ce dernier mérite. Le Christ barbu, nimbé, les cheveux longs, vêtu d'un jupon court, est fixé à la croix, les pieds posant sur un support triangulaire. A gauche et à droite les bustes du soleil et de la lune, et deux groupes de deux anges. La Vierge tend les mains vers son fils, l'Église reçoit son sang divin dans un vase, la synagogue et saint Jean le contemplent. Dans le bas, les saintes femmes visitent son tombeau, un édifice formé d'une nef et de deux coupoles.

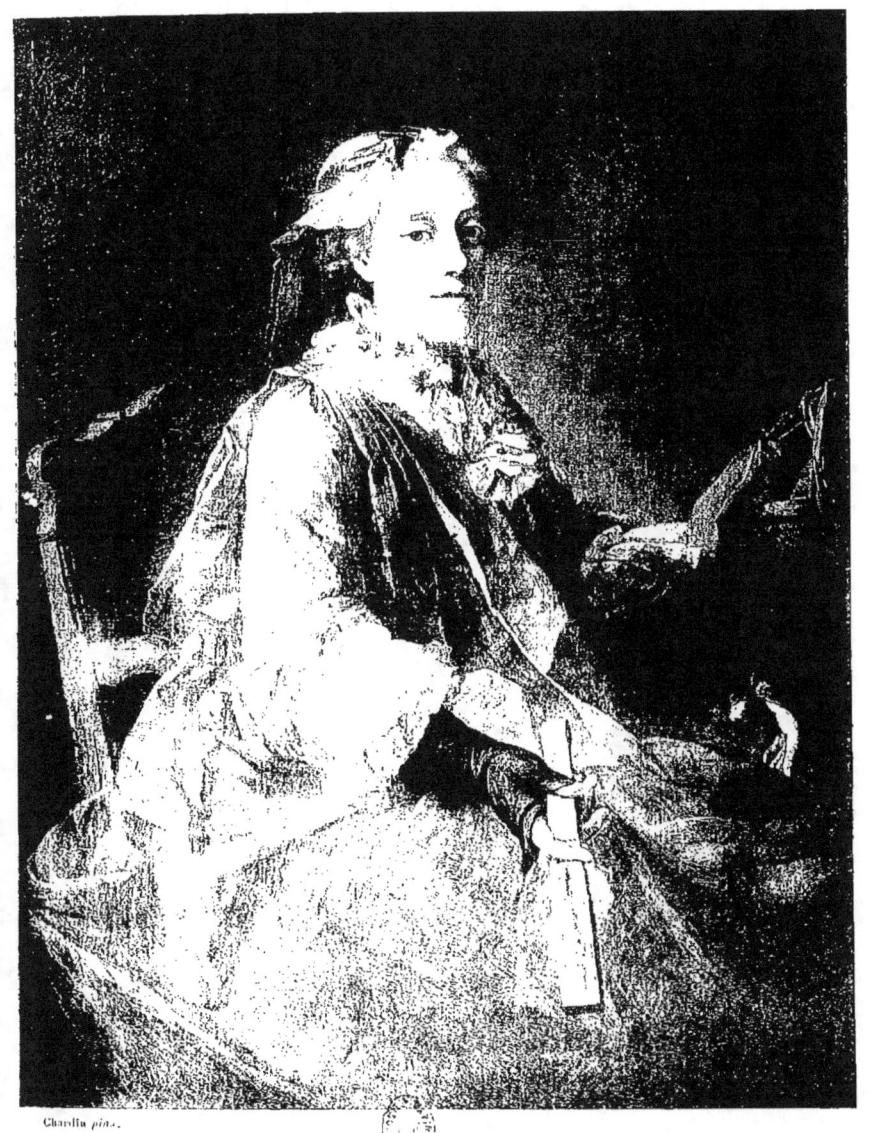

Chardin pinx.

PORTRAIT DE M.M. (collection de M. Dollfus).

De l'époque carolingienne, mais aussi de l'époque romane, sont les peignes qui servaient aux prêtres, au moment de la messe, à arranger leur chevelure ; ils sont parfois à une rangée de dents, plus souvent à deux rangées, séparées par une bande où l'artiste a sculpté des sujets décoratifs. Celui du Trésor de Sens, que la tradition et une inscription du XIIIᵉ siècle attribuent à saint Loup, mais qui ne peut être antérieur au Xᵉ siècle, porte deux lions affrontés à une tige feuillue dont un bélier mord l'extrémité. Il faut le rapprocher du peigne de saint Gauzelin à la cathédrale de Nancy, bien qu'il offre une influence orientale bien plus accusée encore.

On ne peut s'expliquer la rareté des ivoires d'époque romane que par le développement qu'avait pris l'architecture d'alors, absorbant tous les efforts artistiques de l'époque. Mais on s'aperçoit que la France, dans cet art comme dans d'autres, va s'imposer à l'attention du monde entier. A défaut du monument capital, le diptyque de la cathédrale de Tournai, l'Exposition rétrospective a pu grouper quelques importants ivoires romans des XIᵉ et XIIᵉ siècles. Le fragment de croix (Christ assis) de la collection Mannheim est du plus grand caractère. Les belles plaques du musée des antiquités de la Seine-Inférieure, celle de la collection Garnier, et particulièrement la plaque de la collection Campe d'Hambourg, sur laquelle le Christ assis, barbu et chevelu, bénit, la main gauche appuyée sur un livre fermé, sont des spécimens remarquables de cette époque. Assez difficile à dater est un curieux fragment, un cavalier armé d'une lance (collection de M. Albert Maignan). Taillé dans un morceau d'os très sec et fibreux, cet objet a un caractère barbare des plus saisissants.

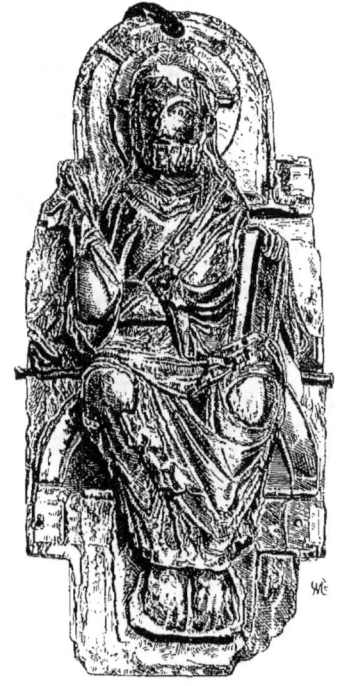

FRAGMENT DE CROIX, XIIᵉ SIÈCLE
collection de M. Ch. Mannheim.

C'est avec la sculpture romane que commence la série d'insignes des évêques et des abbés. Les Taus datent du XIᵉ siècle. Celui du musée des antiquités de la Seine-Inférieure et ceux du musée de Chartres, à rinceaux et à têtes de monstres, sont de bons exemplaires. Les crosses, peut-être un peu moins anciennes, avec l'ornementation végétale de leurs branches, les sujets si variés de leurs volutes, sont souvent des objets d'art parfaits. Celle de la cathédrale de Vannes montre un cerf dévoré par un lion ; celle de Saint-Trophyme d'Arles, deux personnages soulevant le couvercle d'un tombeau. Celles de la collection Roy ont leurs voûtes terminées par des têtes de griffons.

Beaucoup de coffrets sur lesquels sont appliquées des figures en os sculpté très grossières, comme aussi beaucoup des oliphants de ces époques, étaient des ouvrages d'ouvriers orientaux qui les vendaient à Constantinople aux pèlerins de Terre-Sainte.

Il est également difficile de préciser en Occident les lieux d'origines des pièces d'échiquier ou de trictrac, dont la plupart proviennent, je pense, du Nord.

Cette petite série est ici fort intéressante.

Quand nous arrivons à l'époque gothique, la production des œuvres d'ivoire a été si abondante, qu'il nous faut choisir, et ne présenter à l'examen que des œuvres tout à fait caractéristiques, en notant toutefois au passage cette vierge ouvrante si célèbre dans la région limousine, sous le nom de *Vierge de Boubon*, qui est un monument très curieux de transition entre les XIIᵉ et XIIIᵉ siècles.

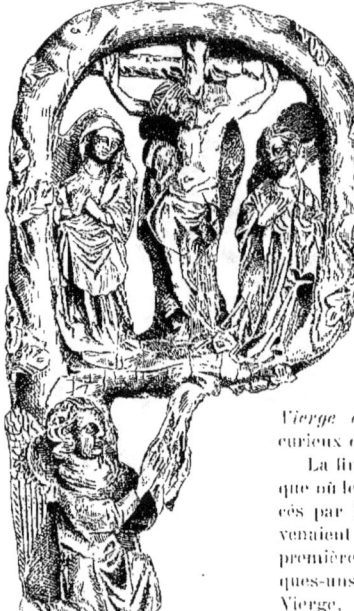

Crosse en ivoire, XIVᵉ siècle
(collection de M. Ch. Mannheim).

La fin du XIIIᵉ siècle est, sans aucun doute l'époque où les sculpteurs d'ivoire, profondément influencés par les chefs-d'œuvre de grande statuaire qui venaient d'éclore aux portails et aux tympans des premières cathédrales gothiques, créèrent quelques-uns de ces groupes (couronnement de la Vierge, descente de croix au musée du Louvre) et quelques-unes de ces vierges portant le divin enfant sur leurs bras, qui peuvent être classés parmi les plus admirables œuvres de la sculpture française. Un hasard heureux fit que quelques mois avant l'Exposition se révéla un groupe de *l'Annonciation*, dont on n'avait connu jusqu'ici qu'une des deux figures, celle de l'ange, exposée jadis par M. Georges Chalandon à l'Exposition rétrospective de Lyon. La Vierge, soigneusement dissimulée jusque-là, tomba un jour entre les mains de M. Paul Garnier. D'un commun accord, les collectionneurs consentirent à rapprocher ces deux personnages depuis si longtemps séparés. Et nous voici aujourd'hui devant un des monuments les plus purs de style, les plus émouvants de calme et de simplicité qu'il nous ait été donné de voir. Il n'est assurément inférieur à aucun des deux groupes du Louvre : certains pourront même trouver supérieures en lui la noblesse sereine des figures, d'un idéalisme si élevé, et la pureté tout antique du drapé. Quelques traces de polychromie, bleue, rouge et or, nous révèlent le goût de l'époque pour la sculpture colorée, ainsi que le voulut le siècle de Périclès. Cette même polychromie, nous la devinons dans la *Vierge assise* de la collection Oppenheim de Cologne, si digne sur son siège gothique, souriant à l'enfant auquel elle présente une

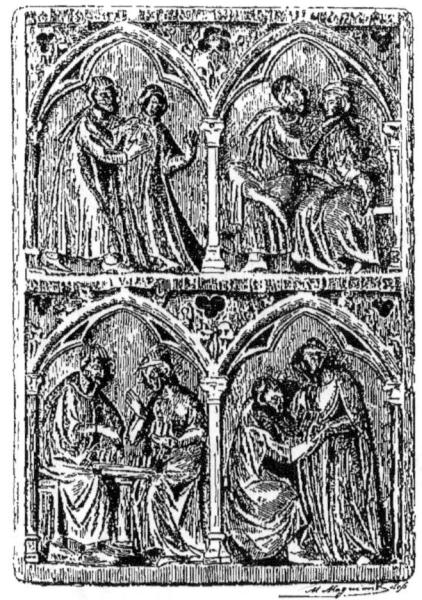

Plaque en ivoire, xive siècle
(collection de M. Cottereau).

fleur, sculpture pleine et large, qui ne put naître que sous l'outil d'un véritable maître, et elle nous apparaît tout éclatante encore dans la merveilleuse Vierge de Villeneuve-lez-Avignon, d'une grâce exquise dans l'inclinaison un peu maniérée de son buste, et dans celle de la collection Martin le Roy, ou dans la Vierge debout, d'une grâce si robuste, du musée de Rouen. La *Vierge assise sur un âne* du musée de Saint-Omer, est sans doute un fragment d'une fuite en Égypte qui devait offrir un charme pittoresque très rare.

Durant tout le xive siècle, nous allons trouver en grand nombre les représentations de la Vierge portant l'Enfant Jésus. Mais sur cette donnée traditionnelle, les artistes varieront à l'infini les poses plus ou moins maniérées, la simplicité ou l'abondance un peu compliquée des plis de vêtements, l'expression des visages souriants, et ces nuances subtiles empêchent la présentation d'un grand nombre de ces vierges d'être monotone. M. Boy, de Versailles, le musée de Rouen, M. Martin le Roy, les musées de Compiègne, de Caen et de Narbonne, M. Ch. Gillot, M. Albert Bossy et M. Doistau, ont permis d'en constituer un ensemble tout à fait remarquable.

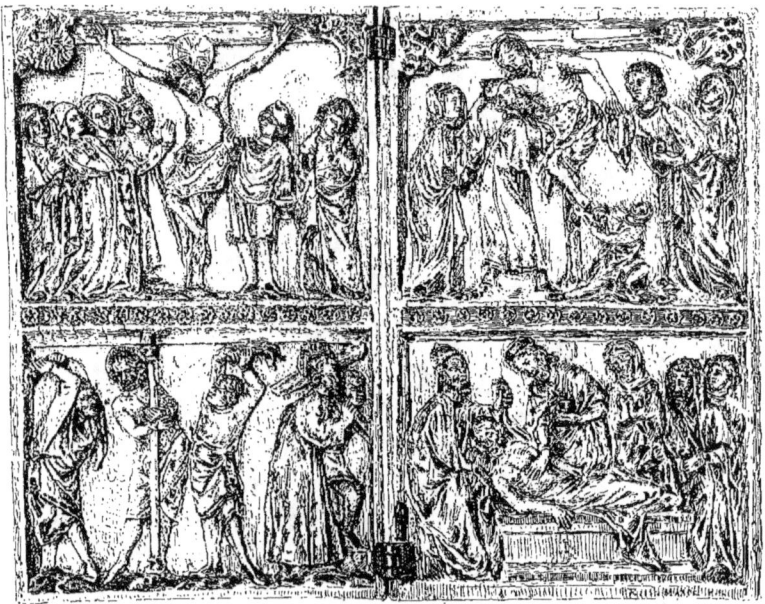

Diptyque en ivoire, xiv° siècle (collection de M. Cottreau).

Malgré ce souci de varier les poses, de donner une expression aux visages, il faut bien reconnaître la pauvreté d'invention de la plupart des sujets religieux en ivoire de cette époque qui apparaîtra aussi dans les polyptyques, triptyques ou diptyques, extrêmement nombreux aux xiv° et xv° siècles. Destinés aux autels des églises, ou des chapelles, parfois aussi aux appartements, ils offrent, en une série de compartiments, des sujets de la vie de la Vierge ou de la vie du Christ, qui se répètent à l'infini. On ne peut, quand on les étudie, qu'admirer le soin et la sûreté de main avec lesquels ils ont été traités par l'artiste. Le triptyque du musée d'Abbeville (Christ crucifié entre la vierge et deux anges) et celui du musée d'Orléans (vierge couronnée entre sainte Madeleine et le roi David) sont sans doute encore de l'extrême fin du xiii° siècle, ainsi

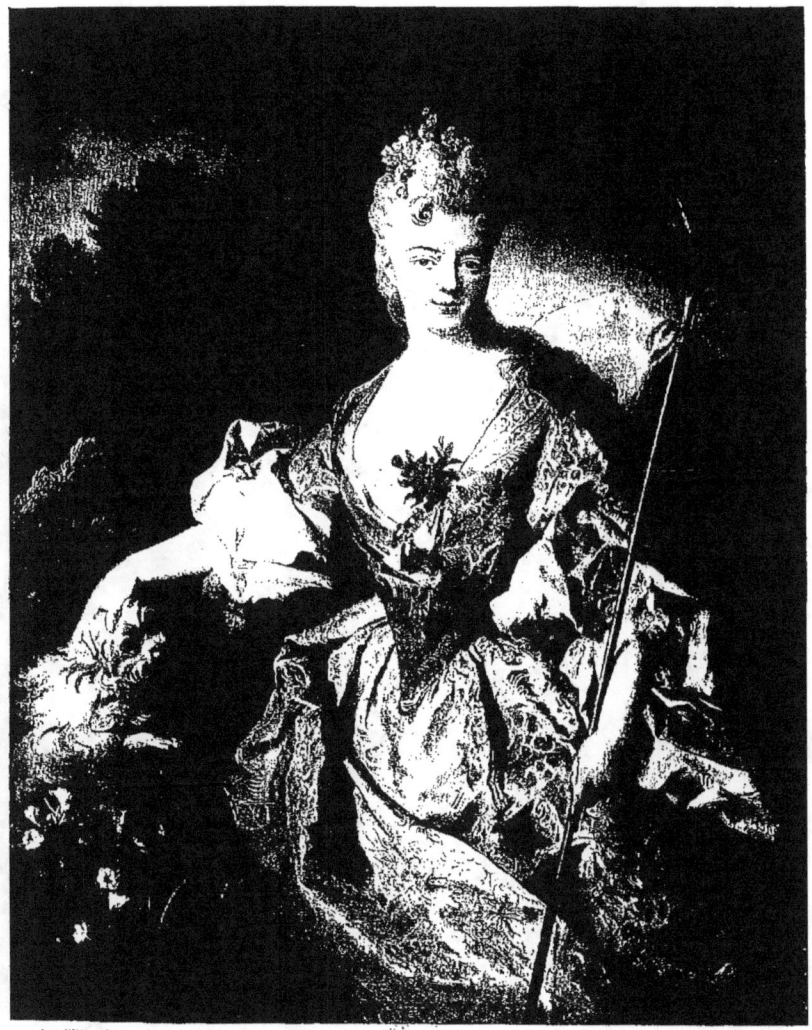

Largillière pinx.

DAME EN BERGÈRE (collection de M. H. Deutsch).

qu'un diptyque du musée de Dijon, et deux petites plaques très curieuses de la collection Gillot, une descente de croix, et *Adam et Ève surpris*, où apparaît, ce qui est rare, une représentation du nu. Du XIVe siècle, plus ou moins avancé, sont le polyptyque du musée de Reims, les beaux triptyques des collections Oppenheim et Campe d'Hambourg, et les diptyques des mêmes collections, ainsi que ceux des collections

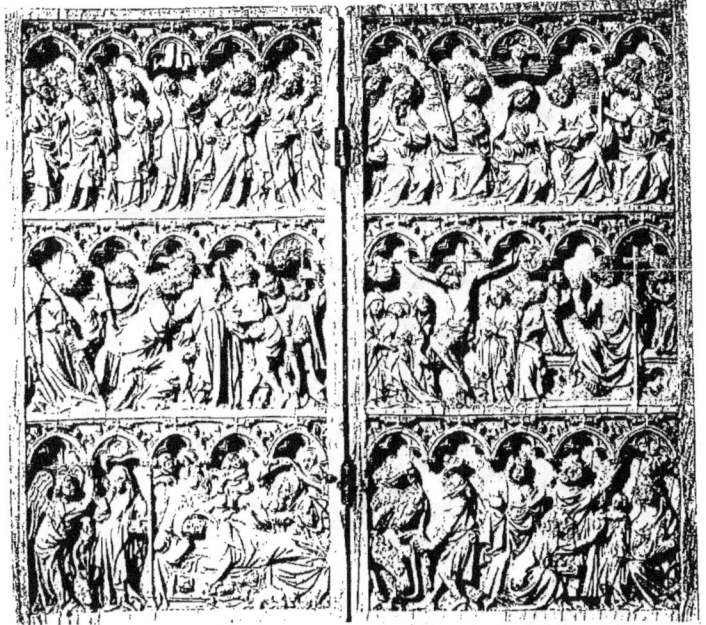

Diptyque en ivoire, XIVe siècle (collection M. P. Garnier).

parisiennes Bardac, Garnier, Boy, Gillot et Doistau, ou des musées de Laval, de Dunkerque et d'Aix.

Dans le mobilier religieux, les crosses présentent généralement dans leurs volutes deux sujets adossés, le plus souvent la Vierge entre deux anges, et la crucifixion, telles que la crosse de M. Bardac ou celle de M. Mannheim. Très belles sont les crosses de M. Campe, et de sir Taylor, ou celle du musée de Chambéry.

Avec les objets à usage civil, l'inspiration de l'ivoirier s'est modifiée : les sujets ne sont plus que rarement religieux, dans les coffrets par exemple ; quant aux sujets

20　L'ART A L'EXPOSITION DE 1900

représentés sur les boîtes à miroirs, les gravoirs, les tablettes et les couteaux, aux XIV° et XV° siècles, ils sont puisés toujours dans la littérature du moyen âge, et les costumes des personnages, il faut le noter, retardent souvent de près d'un demi-siècle sur l'époque où ces objets sont nés. C'est l'histoire du château d'Amour, dans les miroirs de l'hôtel Pincé d'Angers, de M°° la marquise Arconati ou de M. P. Garnier, un tournoi dans ceux de MM. Salting et Garnier, une scène d'amour dans celui

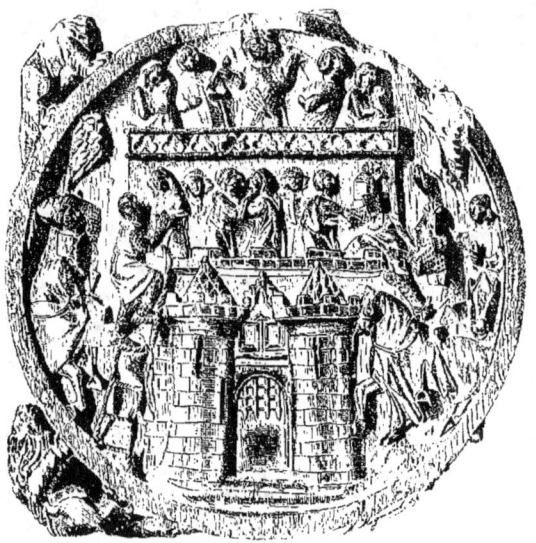

Miroir, XIV° siècle (collection M. P. Garnier).

de M. Oppenheim. Citons les coffrets des collections Mannheim, Oppenheim et Garnier, Campe et Ricard.

Les peignes à sujets civils sont, pour le XIV° ou le XV° siècle, assez rares; ceux de M. Salting et du musée d'Arras présentent donc un vif intérêt. Il en est de même des oliphants, dont on rencontre assez fréquemment les descriptions dans les inventaires de ces époques; celui de la collection Campe, d'Hambourg, décoré de feuillages de pampres et d'animaux, est donc un monument des plus précieux.

La série des monuments d'ivoire gothiques, si triomphants, se termine par un groupe, une *Annonciation* du XV° siècle, appartenant au musée de Langres, monument des plus considérables, aussi bien artistiquement qu'historiquement. Les deux figures de l'ange et de la Vierge, posées sur un socle de marqueterie, ont conservé leur polychromie. L'étui de cuir gravé qui les contenait, et qui les accompagne encore, porte les armes de Philippe le Bon, duc de Bourgogne.

Avec la Renaissance, l'art des ivoiriers commence véritablement à décliner ; les ivoires religieux deviennent rares : quelques baisers de paix, tels que ceux de la collection Cardon, de Bruxelles, et du musée de Saint-Omer ; quelques figures isolées, telles que ces vierges des cathédrales d'Auxerre, de Cambrai ou de Chartres. L'adresse des ouvriers est encore bien surprenante et se maintiendra aux siècles suivants, aux

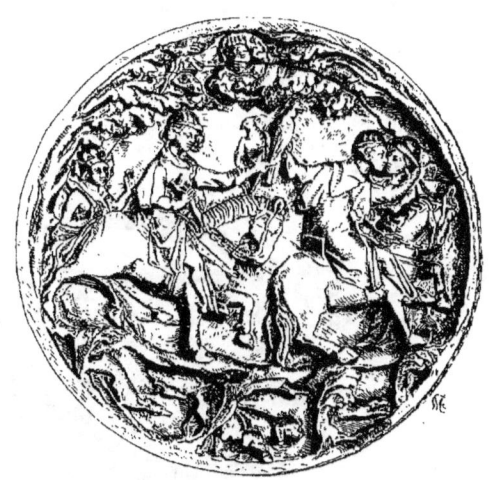

Fond de plat, XIVᵉ siècle (musée d'Agen).

XVIIᵉ et XVIIIᵉ siècles, dans tous ces petits objets d'usage, poires à poudre (celles des musées de Roanne et de Clermont-Ferrand), dans ces râpes à tabac (celle du musée de Chartres) : une pièce célèbre, et du goût le plus exquis, est ce couteau et sa gaine, dits de Diane de Poitiers. Il est passé des collections Debruge Duménil, puis Spitzer, dans la collection Campe, d'Hambourg. Le manche est fait d'une statuette d'homme vêtu à l'antique ; la gaine, en ivoire, porte en relief Vénus et l'Amour, Junon et Minerve, et au revers une figure de la Prudence assise, tenant un miroir.

Citons enfin, comme une des dernières pièces intéressantes, un haut relief du XVIIᵉ siècle, représentant le martyre de saint Barthélemy, signé Jacobus Agnellus Caluendis 1636, qui appartient au musée d'Albi, et un *Calvaire* considérable, offrant six ou huit figures, attribué à Jailliot.

## LA CÉRAMIQUE

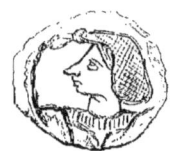

FOND DE PLAT, XIVe SIÈCLE
(musée d'Agen).

Ce sont des collections provinciales qui ont permis de réunir l'importante série des poteries gallo-romaines, lesquelles n'offrent aucune originalité et ne sont que la continuation des formes et de la technique des céramistes antiques. Des fouilles opérées un peu partout dans le sol de la France ont ramené à la lumière une énorme quantité de ces produits, qui ne le cèdent en rien, au point de vue des galbes, de la qualité fine et pure de la terre, de la délicatesse élégante des ornements, aux plus belles pièces retrouvées en Italie.

La collection de M. Plicque est formée d'objets provenant des fouilles faites à Lezoux, dans le Puy-de-Dôme. Un monument considérable et complet est un grand vase en terre vernissée rouge, décoré en légers reliefs de scènes de combats et de belluaires. Il est d'une forme harmonieuse et la décoration en est très fine. De

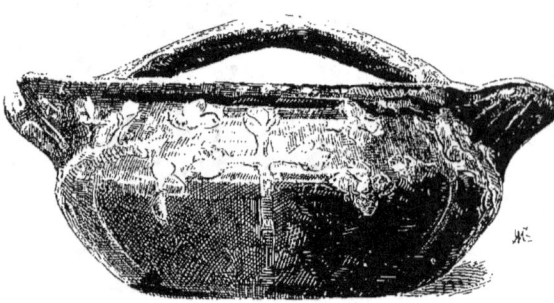

VASE, XIVe SIÈCLE (musée de Cahors).

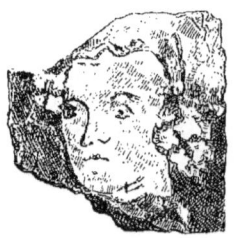

CARREAU DE CHÂTEAU
DU PLESSIS-GRIMOULT, XVe SIÈCLE
musée de Vire).

nombreux fragments de la même collection, ainsi que de celles de MM. Morel, de Reims, et Protat, de Mâcon, offrent des détails pleins de vivacité et d'expression, un coq, une colombe, un lévrier, un sanglier chargeant, rendus avec un souci très réel de la vérité. Le musée de Reims a prêté un petit vase tout à fait charmant, dont la panse est décorée d'une frise d'arabesques nerveuses.

Les archéologues et ceux qui s'occupent de céramique, à un point de vue technique ou historique, trouveront un vif intérêt à étudier la vitrine des poteries archaïques et des carreaux de pavement de notre moyen âge. La série en est des plus complètes, composée en majeure partie de

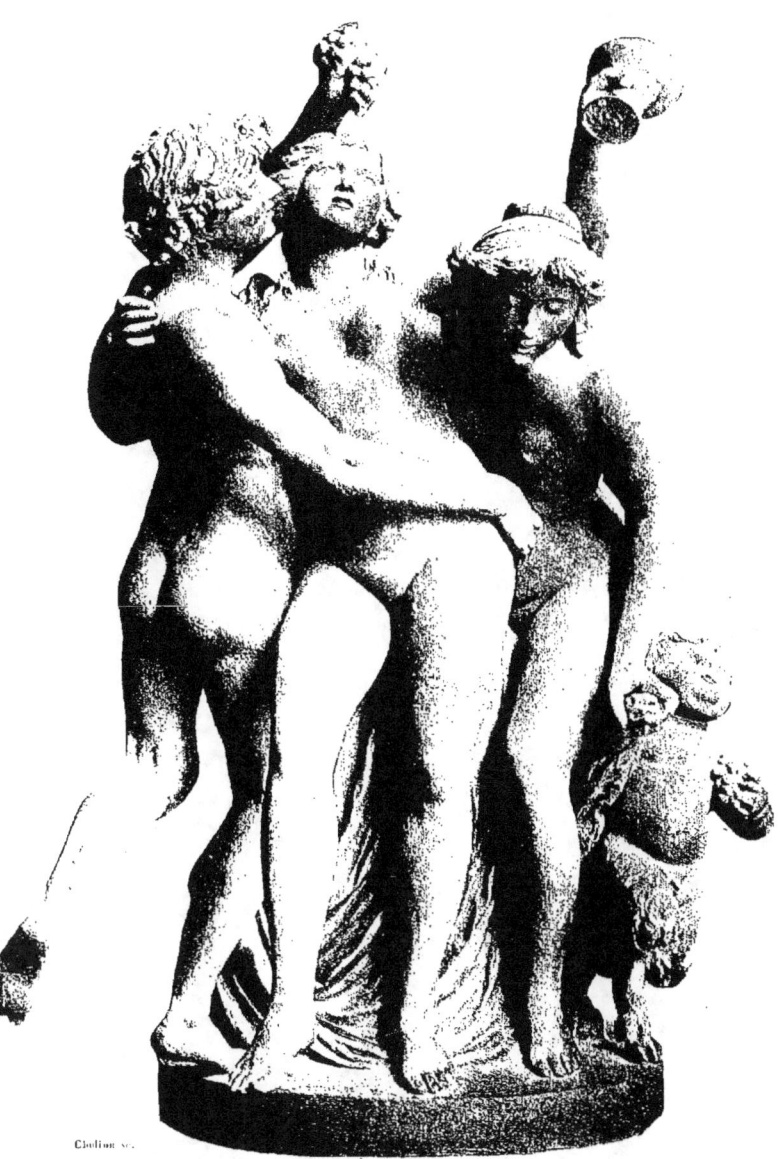

GROUPE DE BACCHANTES (Collection de M. le comte Moïse de Camondo).

## L'EXPOSITION RÉTROSPECTIVE

pièces provenant de nos musées de province, et il y a là matière à d'utiles rapprochements et à d'instructives comparaisons.

Les plus anciens carreaux de revêtement sont du XIVe siècle : de quelque région de la France qu'ils proviennent, ils marquent l'emploi d'un pro-

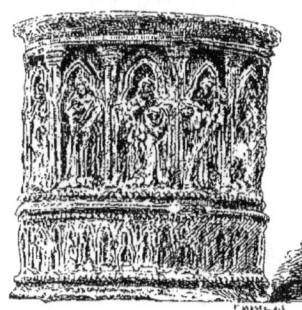

VASE, XVe SIÈCLE (musée d'Agen).

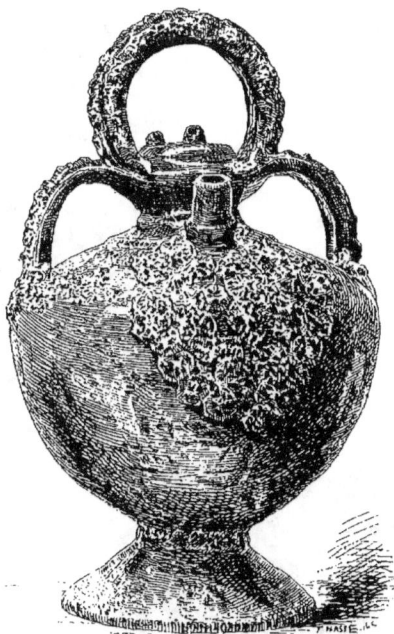

VASE (CHAPELLE DES POTS), XVIe SIÈCLE (musée d'Amiens).

cédé qui semble avoir été général, la gravure profondément entaillée du décor dans la terre crue et le tassement dans ces creux d'une terre d'autre couleur faisant motif décoratif sur le fond réservé. C'est ainsi qu'apparaissent un carreau du musée de Troyes, où un oiseau se gratte la patte avec le bec, un autre, décoré d'un cavalier, un troisième, du musée de Lons-le-Saulnier, représentant deux religieux tenant une croix, et ce fragment du musée de Vire, provenant de la décoration du château de Plessis-Grimoult, où une tête de femme semble dessinée d'un trait si libre, d'allure vraiment italienne. — D'autres sont ornés de motifs linéaires ou géométriques tracés au pinceau, comme dans ces carreaux de l'église Saint-Julien de Brioude (musée de Troyes), où le trait en man-

VASE, XVe SIÈCLE (musée du Mans).

ganèse cerne la forme décorative d'un ton vert clair, comme aussi dans les carreaux du musée de Carcassonne. — D'autres carreaux des musées de Narbonne et d'Albi, de date très postérieure, du XVIe siècle, à décor bleu, sont taillés à pans coupés, de telle sorte que quatre d'entre eux constituent une étoile; disposition qu'on retrouve identique à la même époque dans des carreaux espagnols.

Les pièces du XIVe siècle se signalent par l'emploi d'une

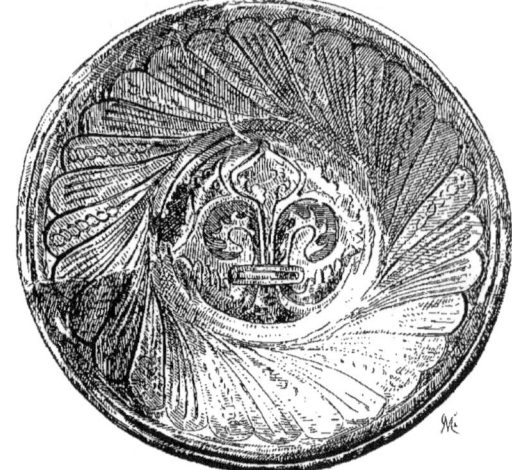

PLAT. XVIe SIÈCLE (musée d'Agen).

couverte plombeuse très mince et d'ornements en relief, soit que ces ornements très primitifs, sortes de grandes virgules, aient été imprimés dans la panse par le doigt même du potier sur le moule, comme dans les pots des musées de Clermont-Ferrand et de Reims ou de la collection Coiffet, soit qu'ils aient été rapportés sur la pièce au moyen de terre délayée ou barbotine, comme dans la remarquable pièce du musée de Cahors, recouverte d'émail brun et décorée de croix et de marguerites d'émail jaune en relief.

Une autre pièce, non moins remarquable, et certainement du XVe siècle, du musée du Mans, est vraiment autant une œuvre de sculpteur que

BOUTEILLE DE BEAUVAISIS, XVIe SIÈCLE
(musée Dubouché, à Limoges).

de céramiste : c'est un vase tubulaire, émaillé en jaune et décoré d'une suite d'arcatures creusées dans la panse et abritant des saints en demi-relief. Toute une suite de pots du musée d'Agen et du musée de Reims présentent un vif intérêt par leur étroite analogie, assurément inconsciente, avec des poteries orientales qui furent fabriquées dans tout le bassin extrême de la Méditerranée, en Syrie et dans les îles ; c'est la même terre friable, peu cuite, décorée de motifs très peu précis, dérivés de la fleur, et de tonalités claires, vertes et bleues.

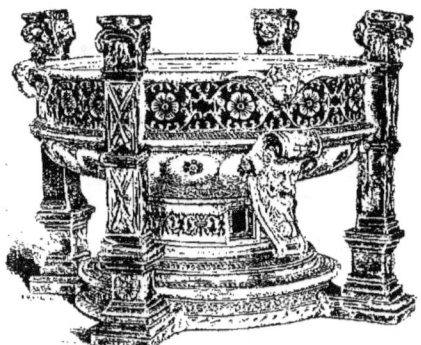

Coupe en faïence, dite de Henri II
(collection de M. Ch. Mannheim).

Avec le XVIᵉ siècle, nous pouvons rencontrer des analogies très voulues et des influences communes, comme dans ces fragments de plats du musée de Narbonne, à reflets métalliques, souvenirs des hispano-moresques, qui, par le décor, ne rappellent nullement la céramique espagnole. Toute une suite de plats très remarquables des musées de Troyes, d'Agen et de Bourges, offre un procédé de décoration nettement emprunté à l'Italie du XVᵉ siècle, celui de l'engobe coloré et gravé ; la terre d'un rouge foncé étant recouverte d'une matière terreuse claire, il est facile, avec un grattoir ou un burin, de l'enlever et de faire réapparaître, selon le dessin que l'on trace, la couche du fond ; le dessin se montre ainsi nettement écrit en rouge.

Avec le XVIᵉ siècle quelques ateliers commencent à se différencier un peu plus les uns des autres, ainsi qu'on peut s'en convaincre en examinant les poteries vernissées vertes et ajourées du musée de Saintes, ou les gourdes d'un si bel émail, d'un bleu profond, et d'une forme si robuste, où se modèlent en ferme relief des ornements, des écussons, des armoiries, par lesquelles se distinguèrent

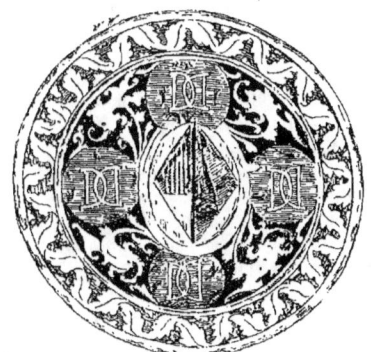

Plat en faïence de Nîmes, XVIᵉ siècle
(collection de M. Salting).

les ateliers du Beauvaisis : signalons les pièces prêtées par M. Raymond Koechlin, M. Ch. André et le musée Dubouché, de Limoges.

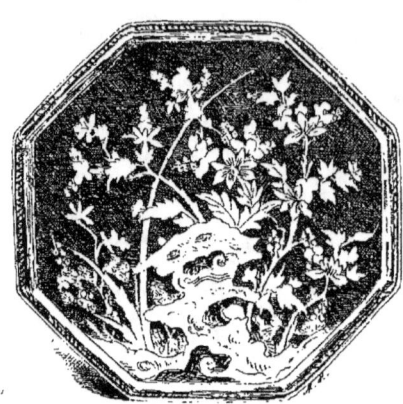

PLAT EN FAÏENCE DE ROUEN FOND NOIR, XVII<sup>e</sup> SIÈCLE
(collection de M. Papillon).

L'Exposition rétrospective a pu grouper six spécimens de cette série si rare et si cotée, dite des Faïences de Henri II, dont on ne connaît qu'une cinquantaine de morceaux existants. C'est donc un appréciable résultat. L'une d'elles est sans conteste une des plus élégantes qu'on connaisse : c'est l'aiguière de la collection Alphonse de Rothschild, dont l'anse est faite d'une souple sirène, et dont la panse, de ton ivoire si fin, s'agrémente d'un mince quadrillé et de masques adroitement rapportés. La coupe de la collection Mannheim est d'une belle architecture, le drageoir de M. le baron Gustave de Rothschild, les salières des collections Alfred André et Oppenheim sont des objets exquis.

La fabrique de Nîmes est d'une rareté plus grande encore et en présenter deux échantillons est chose des plus surprenantes. La gourde de M. le baron Gustave de Rothschild est un objet admirable, d'un émail profond et gras, d'une puissante couleur bleue ; le décor de grotesques et d'armoiries rappelle absolument le génie italien ; une inscription et une date « Constanter et Sempre, 1581 » lui donnent un intérêt tout particulier. Une assiette appartenant à M. Salting, de Londres, à médaillons verts et à armoiries, vient nous apporter un élément de curiosité nouveau.

La vitrine consacrée à Bernard Palissy est, comme il convient, riche en admirables épreuves. Presque toutes ont été prêtées à l'Exposition par M. le baron Alphonse de Rothschild, le plat à reptiles à fond blanc crémeux, pièce unique, le plat du Déluge, celui de la Tempérance, et la buire ; d'autres appartiennent à M. le baron Gustave de Rothschild, le plat de Briot, épreuve d'une netteté et d'une couleur extraordinaires, le plat de la Belle Jardinière, et ce beau

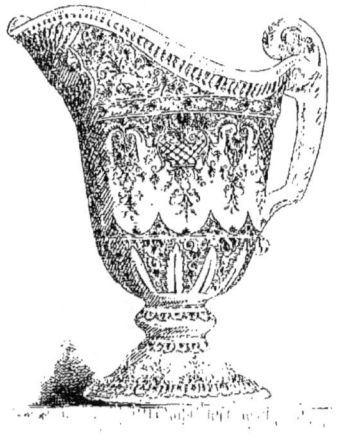

AIGUIÈRE CASQUE EN FAÏENCE DE ROUEN
XVII<sup>e</sup> SIÈCLE
(collection de M. Perrot).

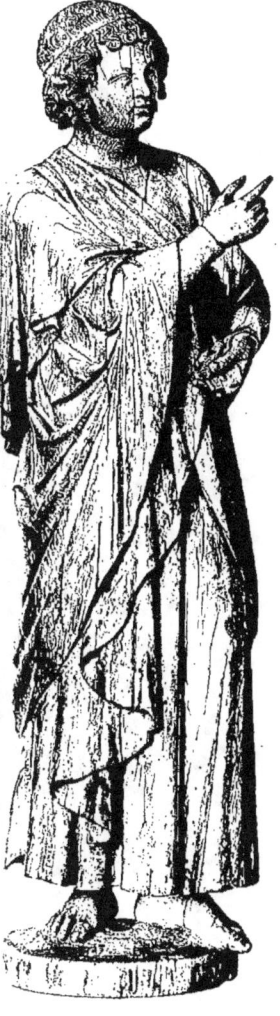
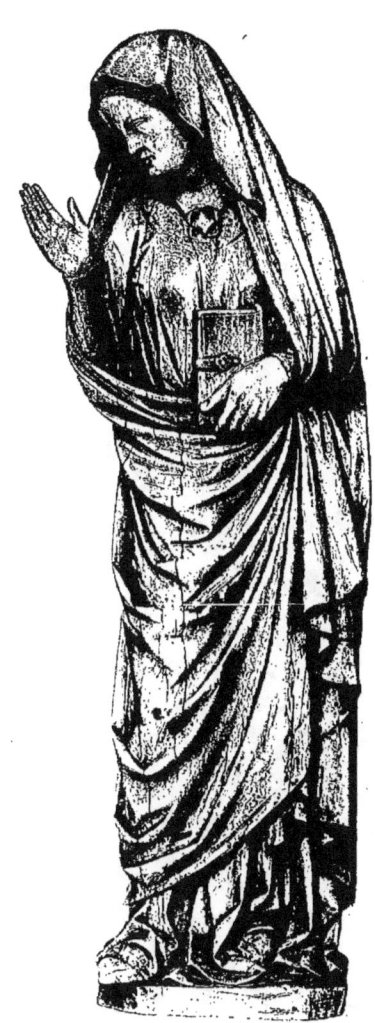

ANNONCIATION

plat, où un lézard vert si vrai semble glisser sur un fond d'émail brun d'une surprenante réussite.

Les ateliers de Rouen sont représentés comme il le fallait pour une des plus belles familles de céramique française. Aux débuts, qui remontent à la deuxième moitié du xvie siècle avec le potier Abaquesne, on peut sans doute rattacher le vase de pharmacie du musée de Dieppe, décoré d'une figure, et très franchement italien. — Mais il faut sauter presque un siècle pour retrouver Rouen en pleine production céramique, avec les belles et somptueuses pièces de la fin du xviie siècle, si bien faites pour orner un dressoir, le plat creux, à décors de lambrequins et de Chinois, signé Brument 1699 (musée de Rouen), les plats à fonds quadrillés jaunes, décorés d'arabesques bleues et de danses d'enfants (collections Papillon et Doistau), les deux assiettes de même série du musée de Rouen, ainsi que la sucrière de la collection

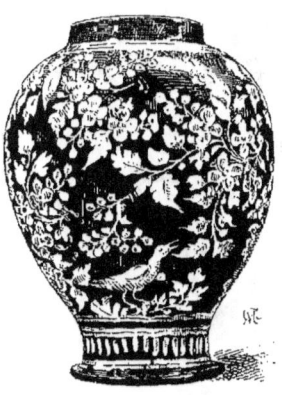

VASE EN FAÏENCE DE NEVERS. XVIIe SIÈCLE
FOND JAUNE
(collection de M. Papillon).

Calvet, le très rare plat à fond noir, décor chinois de fleurs polychromes, et la bannette où éclatent si franchement les rouges et les bruns de la collection Papillon, le grand plat à décor chinois et la bannette de la collection Doistau, l'assiette à portées de musique de la collection Papillon, type très rare, et pour finir, cette assiette signée Vavasseur, où Rouen cherche à imiter Marseille.

L'atelier de Nevers, de style si italien dans ses commencements, nous montre des œuvres capitales, comme la grande gourde de la collection Papillon, aux têtes de bélier, avec l'inscription « Bien faire et laisser dire », ou les deux petites bouteilles de la collection Perrot. La série des fonds jaunes, décor blanc et bleu, est représentée par le grand vase de la collection Papillon, le petit broc de M. Edmond Guérin ; celle des fonds bleus foncés, décor blanc et jaune, par les deux bouteilles de M. Papillon. — Deux pièces sont particulièrement intéressantes ; un plat blanc décoré en bleu pâle, signé de Conrad, à Nevers, nous rappelle l'époque où cette famille italienne émigra de Savone au commencement du xviie siècle, apportant à Nevers

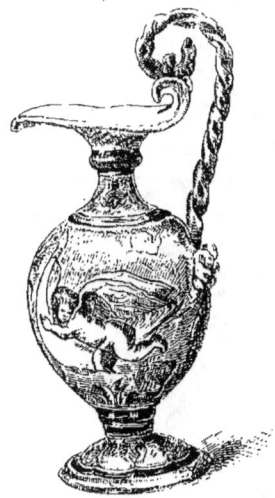

AIGUIÈRE EN FAÏENCE DE NEVERS
STYLE ITALIEN, XVIIe SIÈCLE
(collection de M. Papillon).

l'influence italienne (collection Papillon); un petit pot blanc, décor bleu, de la même collection, est décoré de personnages de la rue, qui nous indiquent les cris de Paris en l'année 1725.

Moustiers commença aussi sous l'influence italienne; le grand plat de la collection Calvet (anciennement dans la collection Davillier), nous présente un sujet de chasse d'après une gravure de Tempesta, signé : G. Viry, à Moustiers, chez Clérissy. Mais plus tard le décor est bien français, c'est celui de Bérain (les pendentifs, les singeries de la collection Papillon), ou bien ce sont des médaillons à décor mythologique et à guirlandes jaunes et vertes très harmonieuses (collection Duval). C'est l'époque où Olery, retour d'Alcora, avait tant de réputation. Une écuelle marquée Ferrat imite Marseille ; c'est la décadence.

Marseille suivit, au cours du XVIIIe siècle, de très près le mouvement décoratif français, et rien dans sa production ne

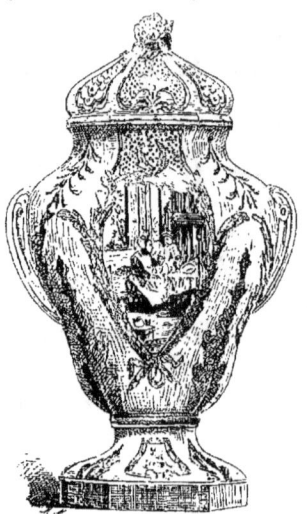

VASE ROSE DE SÈVRES, XVIIIe SIÈCLE
(collection de Mlle Grandjean).

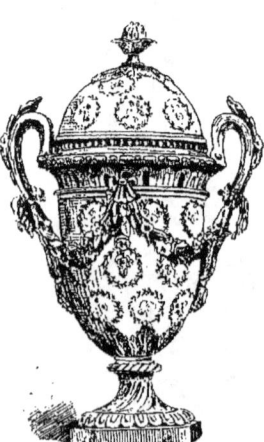

VASE BLEU DE SÈVRES, XVIIIe SIÈCLE
(collection de Mlle Grandjean).

sent l'influence étrangère. Les formes mêmes de ses céramiques, par le renflement et le contournement, sont bien rocaille et Louis XV. Voyez la jardinière de la collection Papillon. Toutes les pièces signées V. P., veuve Perrin, décorées de bouquets de fleurs et de paysages animés, sont aimables, bien venues, d'un art gracieux, mais petit et maniéré. Il semble que depuis longtemps les yeux ne goûtaient plus la céramique pour ses qualités essentielles.

Avec la fabrique de Sceaux, c'est pire encore. Toute cette décoration semble inventée par un enfant s'amusant à la décalcomanie. Je passe très vite sur l'atelier de Niederwiller, dont les assiettes à fond simulant le bois sont indéfendables. Les groupes gracieux rappellent la fabrique de Saxe ; ils ont une grâce maniérée qui fatigue. Les groupes en terre de Lorraine d'après Cyfflé, dont M. Perrot expose une suite considérable, sont charmants.

L'art de la porcelaine tendre, d'abord exercé dans la première moitié du xviiie siècle, à Saint-Cloud (décor bleu à arabesques et à lambrequins sur un fond blanc crémeux et gras, collection Edmond Guérin), à Chantilly et à Mennecy (collections Guérin, Alfred André et Fitz Henry), prit une extension imprévue, quand de Vincennes le marquis de Fulvy et les frères Dubois transportèrent cette industrie à Sèvres. C'était en 1756. Devenue nationale, la manufacture, durant un demi-siècle, ne connut pas de

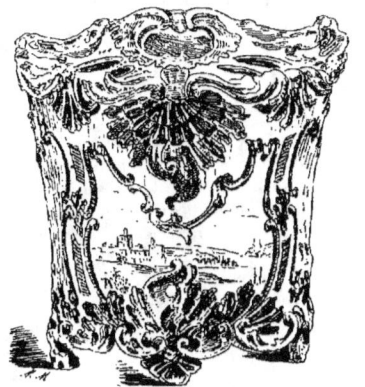

JARDINIÈRE EN FAÏENCE DE MARSEILLE, XVIIIe SIÈCLE
(collection de M. Calvet).

rivale. Ce fut une folie d'engouement pour tout ce qui en sortait. La Rétrospective a pu en présenter quelques échantillons remarquables ; mais les plus belles pièces sont en Angleterre. M. le baron Henri de Rothschild a prêté tout un service à fond vert, décor de fleurs et fruits polychromes, M. Ch. Mannheim un autre service à fond bleu. Le vase exposé par Mlle Grandjean est célèbre dans le monde des collectionneurs, vase à fond rose Pompadour décoré de palmes vertes, de médaillons à sujets, et ajouré à sa partie supérieure. Deux autres vases montés en bronzes dorés sont aussi très importants.

Avec Sèvres et le xviiie siècle se marque la fin d'un art qui, pendant près d'un siècle, ne présentera plus de tentative originale en France. Ce n'est que de nos jours, et il y a une vingtaine d'années, qu'il offrit un renouveau, où les influences venues d'Extrême-Orient eurent la plus grande part.

## ORFÈVRERIE ET ÉMAILLERIE

ORFÈVRERIE. — ÉMAUX CHAMPLEVÉS. — L'émaillerie est un art qui apparaît aux origines mêmes de la Gaule, et dont nous pourrons observer les transformations techniques successives jusqu'au seuil des temps modernes. Il avait opéré alors son évolution totale. Les fouilles que MM. Bulliot et de Fontenay exécutèrent au Mont-Beuvray, près d'Autun, révélèrent l'existence d'ateliers d'émailleurs sur l'emplacement de Bibracte, capitale des Eduens. César cherchait alors à conquérir les Gaules. Ce sont des rondelles et des pièces de harnachement en bronze décorées d'ornements incrustés d'émail rouge à chaud, et par des procédés assez voisins de la taille d'épargne. Plus de trois siècles plus tard, des fouilles opérées un peu partout en Europe, démontrent que l'émaillerie était un art presque généralement pratiqué,

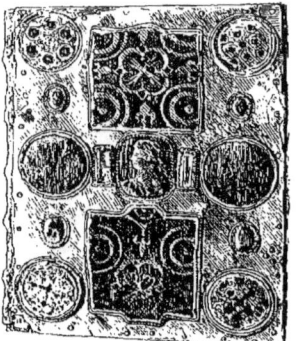

RELIURE D'ÉVANGÉLIAIRE, IXᵉ SIÈCLE
(église de Gannat, Allier).

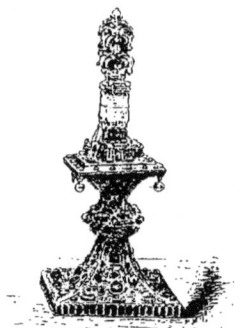

RELIQUAIRE, XIIIᵉ SIÈCLE
(église de Château-Ponsac, Hᵗᵉ Vienne).

et réunissant le plus souvent les deux procédés de la taille d'épargne et de la mosaïque de verre, solidifiée ensuite par le feu. Du IIIᵉ au Vᵉ siècle très nombreux sont les objets, agrafes, fibules ou plaques de harnais, quelquefois pièces de forme, qui permettent d'étudier cet art.

M. de Linas a consacré de longues discussions à cette question des émaux barbares, et l'on ne saurait mieux faire que de s'y reporter. Le caractère de l'orfèvrerie mérovingienne est l'alliance des pierreries et des verroteries aux métaux précieux.

L'émaillerie cloisonnée, la pratique la plus ancienne de cet art, que l'antiquité avait transmise à l'Europe par l'intermédiaire de Byzance, fut assez rapidement abandonnée en France pour la taille d'épargne, plus expéditive. Les procédés barbares de verroterie cloisonnée se retrouvent encore aux temps mérovingiens, même aux premiers temps carolingiens, mais souvent ce sont de fausses cloisons, et la taille d'épargne apparaît.

Les monuments les plus curieux sont italiens, cependant le *Reliquaire*, dit de

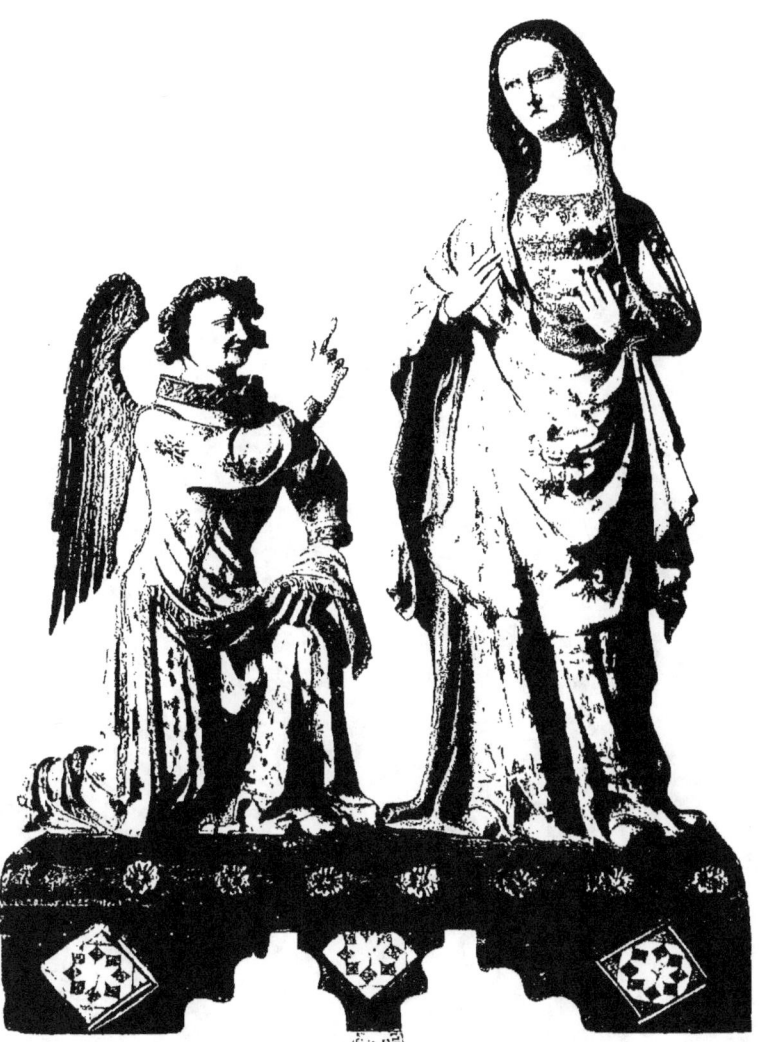

Annonciation, ivoire du XIVᵉ siècle
(musée de Langres).

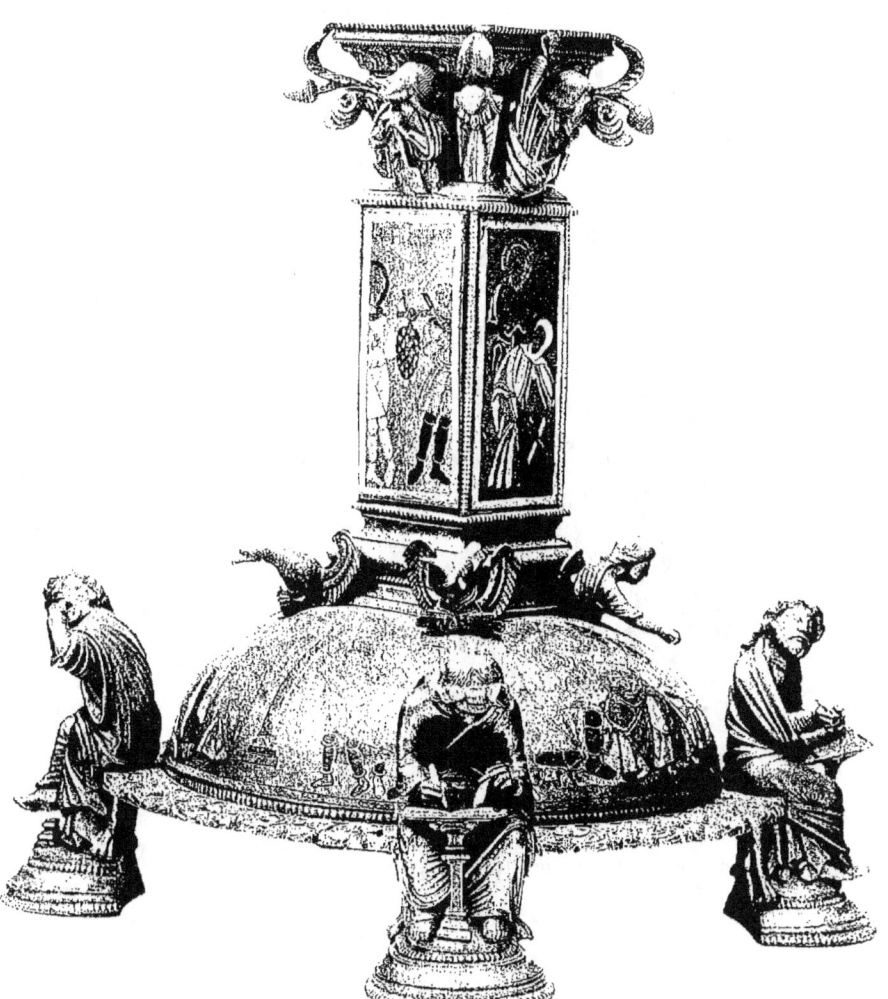

Pied de Croix, XII° siècle
musée de Saint-Omer.

Pépin Ier, roi d'Aquitaine, du Trésor de Conques, qui date du IXe siècle, compte parmi les plus anciennes pièces d'orfèvrerie française. C'est une boîte rectangulaire surmontée d'un couvercle à quatre rampants, sorte de toit, qui donne à la pièce, comme à toutes les châsses du moyen âge, l'aspect d'un tombeau ou d'une maison. Sur la face principale, la crucifixion en bas-relief et deux espèces d'ouvertures carrées par où devaient être vues les reliques ; au revers, sur le toit, deux aigles en repoussé. Les émaux, simples pièces de rapport, laissent supposer que le monument n'est pas homogène et se compose de morceaux de diverses époques.

De l'abbaye de Conques nous pouvons admirer aussi une figure bien célèbre, souvent publiée, la statue d'or de la patronne de l'abbaye, sainte Foy. C'est un monument extraordinaire qui a dû être fabriqué à Conques même, à la fin du Xe siècle, icône d'aspect sauvage devant laquelle tant de générations de pèlerins se sont extasiées. Assise sur un siège à haut dossier, découpée à jour, elle est posée de face, tête haute, bras étendus. Vêtue d'une robe d'or semée de rosaces repoussées, le visage sommairement traité, elle poursuit de deux grands yeux émaillés de bleu et de blanc son rêve d'hébétude. C'est bien là l'idole d'une époque de foi fanatique et sauvage. La couronne décorée de fleurons offre, alternant avec des pierres gravées antiques, des chatons d'émail cloisonné vert, rouge et blanc, qui furent certainement faits à Conques même, et qu'on retrouve sur un autre objet de l'abbaye, l'*A de Charlemagne*.

La plupart des pièces d'orfèvrerie carolingienne offrent des bordures de filets d'or gaufré séparant les compartiments décorés d'émaux de tons très puissants, et les grandes surfaces des fonds. On peut le constater sur l'évangéliaire, le calice et la patène de saint Gauzlin, évêque de Toul (Xe siècle), du trésor de la cathédrale de Nancy. Les figures, même celle de la Vierge, ont à peine forme humaine, mais les ornements sont délicats et les émaux merveilleux.

La plaque d'évangéliaire de l'église de Gannat, où l'émail champlevé fournit des motifs de décoration et celui de l'abbaye de Morienval (cathédrale de Noyon) sont de remarquables monuments d'orfèvrerie de ces époques. D'ailleurs durant toute la période carolingienne, l'Église, des deux côtés des monts, en Italie aussi bien qu'en France, enrichissait ses monuments et ses monastères d'objets d'orfèvrerie

FRAGMENT D'APPLIQUE EN BRONZE DORÉ
XIIIe SIÈCLE
(collection de M. Martin Le Roy).

du plus grand prix. Il suffit de se reporter à l'inventaire qu'Eginhart nous a laissé des trésors de Charlemagne. Les grandes abbayes, celle de Saint-Gall en était le type, pos-

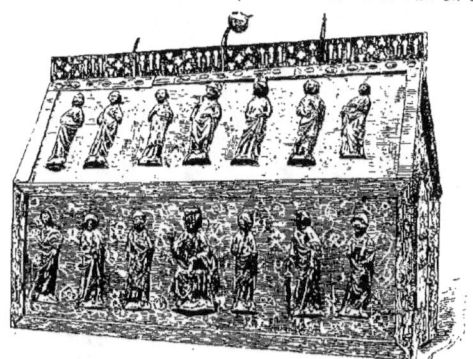

Châsse de Sabrancolin, xiii<sup>e</sup> siècle.

sédaient toutes des ateliers qui créaient les objets destinés à servir au culte. Les

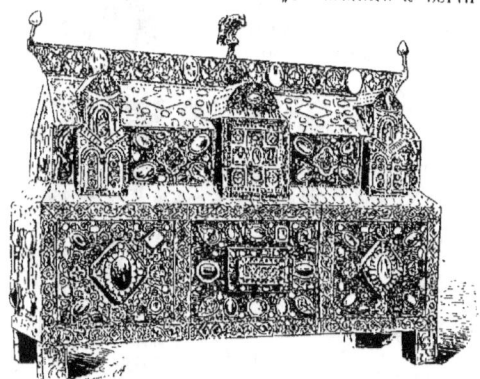

Châsse d'Ambazac (Haute-Vienne), xiii<sup>e</sup> siècle.

pays germaniques possèdent encore, en leurs trésors d'église ou leurs musées, de très nombreux documents de ces époques.

Mais avec le xi<sup>e</sup> siècle, nous allons voir une nouvelle fabrication prendre une importance sans cesse croissante, et jusqu'à la fin du xiii<sup>e</sup>, les ateliers du centre de la

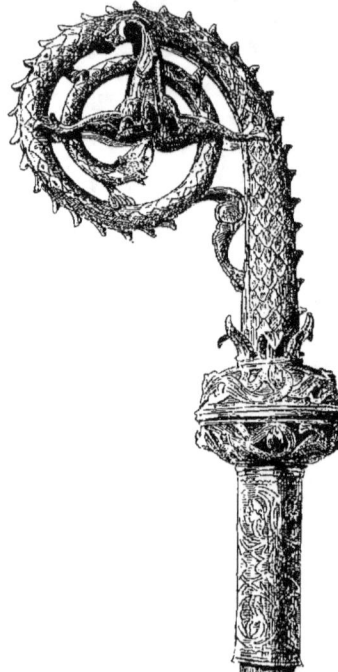

CROSSE. LIMOGES, XIIIᵉ SIÈCLE.
(collection de M. Martin Le Roy).

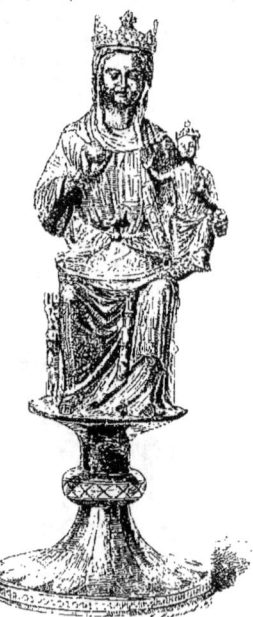

VIERGE ET ENFANT JÉSUS, BRONZE DORÉ.
XIIIᵉ SIÈCLE
(collection de M. Martin Le Roy).

France partageront avec ceux des bords du Rhin une renommée presque universelle. Les Limousins étaient déjà célèbres comme émailleurs, bien avant que Suger eût appelé des artistes lorrains à Saint-Denis. Mais d'esprit essentiellement conservateur, ils ne se dégagèrent que très lentement des influences byzantines qui ont pesé pendant tant de siècles sur l'art occidental. Sans doute dès le IXᵉ siècle, le procédé du champlevé était apparu, mais c'était une transformation purement technique, et l'aspect des objets demeurait toujours byzantin. Le cloisonné était encore pratiqué au XIᵉ siècle, mais hésitant ; l'ouvrier, par l'emploi du cuivre, en cloisons épaisses, au lieu de l'or, s'acheminait déjà, sans s'en douter, vers la taille d'épargne (musée de Poitiers, musée de Guéret, châsse de Moissac-le-Bas), ou bien le cloisonné survivait à côté du procédé nouveau, ainsi que nous permet de le constater l'ange de Saint-Sulpice-les-Feuilles ; la châsse de Bellac est de la fin du XIᵉ siècle ; les disques émaillés qui la décorent, tout semblables à ceux de Conques (maintenant dans la collection Bardac), sont d'apparence absolument byzantine.

Le trésor de Conques (Aveyron) conserve encore quelques pièces d'orfèvrerie qui furent exécutées sous le gouvernement de l'abbé Bégon (1099-1118). Des deux autels portatifs, en forme de tablettes, l'un, sans émaux, offre des nielles admirables ; l'autre, filigrané, montre, au milieu de cabochons, de petits émaux cloisonnés, les uns purement byzantins, les autres reconnus comme bien français, depuis les travaux de Darcel. Mais déjà le procédé du cloisonné est légèrement modifié ; le sujet ayant été dessiné sur la plaque de cuivre a été découpé à jour en suivant le contour du dessin, en silhouette, puis soudé sur une seconde plaque ; sur le fond de cette petite caisse métallique il n'y a eu qu'à disposer les cloisons indi-

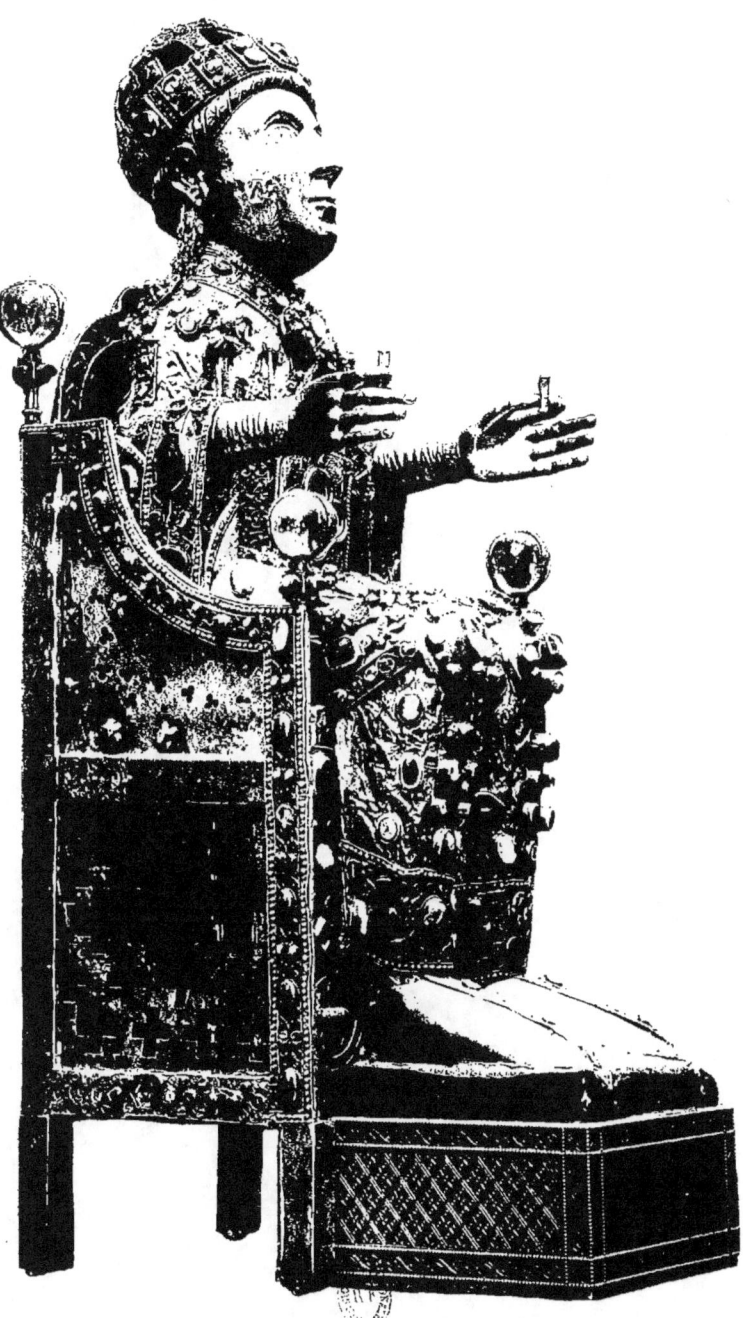

Sainte Foy, Xe siècle.
Statue en or (trésor de l'abbaye de Conques).

quant les traits du visage, et les plis de vêtements. Cette soudure de deux plaques n'est rien : et c'est déjà le commencement d'une petite révolution artistique. Un disque du musée de Rouen, le prophète Osée, est un élément confirmatif. M. Rupin a prouvé que l'autel de Conques est antérieur à 1107. L'abbé Boniface succédait, à cette date, à l'abbé Bégon, et le champlevé fut dès lors de pratique courante. Un coffret en cuir orné de disques d'émaux champlevés, du trésor de Conques, nous le démontre. Il porte le nom de Boniface. Une curieuse châsse de l'église de Bellac serait contemporaine.

Ainsi, dès le début du XIIe siècle, l'émaillerie était un art savamment pratiqué en France. Durant tout ce siècle, elle sera une contrefaçon plus ou moins habile de l'émaillerie cloisonnée. Presque toujours les personnages sont entièrement émaillés à plat, sur un fond de cuivre ou un fond émaillé. À la fin du siècle, l'émail appliqué sur des reliefs apparaîtra ; mais ces reliefs continueront eux-mêmes d'être cloisonnés. Puis le relief en pure orfèvrerie sera assez généralement employé, et on verra à Limoges appliquer sur des fonds émaillés des têtes fondues et ciselées en relief. Deux monuments célèbres et contemporains en sont de remarquables exemples : la plaque tombale de Geoffroy Plantagenet à l'église Saint-Julien du Mans, et celle de l'évêque Fulger à la cathédrale d'Angers. De cette dernière subsistent seuls des fragments. Le monument de Geoffroy Plantagenet, très complet, est du plus admirable caractère. Le personnage y est représenté debout, en costume de cour, mais tenant de la main droite l'épée et de la gauche le long bouclier triangulaire décoré de lions héraldiques d'or.

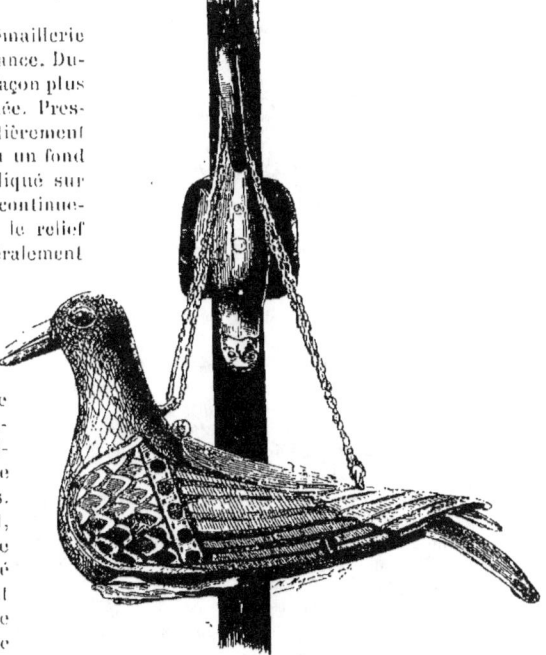

Colombe eucharistique, émail champlevé, Limoges, XIIIe siècle (collection de M. Martin Le Roy).

Si des ateliers limousins sont sorties au XIIe siècle des pièces d'orfèvrerie où l'art de l'émailleur était si remarquable, le livre d'administration de Suger nous fournit de nombreux renseignements sur l'activité qui régnait à la même époque dans ses ateliers d'orfèvres de Saint-Denis. Et cette activité dut s'étendre au delà des limites de l'Ile-de-France, car les abbayes d'alors eurent en grand nombre et nous ont transmis quelques monuments remarquables, qu'il n'est pas impossible de croire nés dans leur cercle d'influence. Les reliquaires affectent alors la forme de la relique qu'ils devaient contenir, bras, pied ou chef; parfois c'est une statue entière. Voyez la Vierge avec l'enfant Jésus, en plaques d'argent battu et repoussé, si souvent

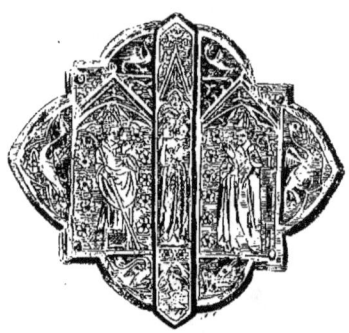

Mors de chape. Limoges, xiii° siècle
collection de M. Georges Chalandon.

publiée, de l'église de Beaulieu; ou la statuette en cuivre doré de saint Etienne de Muret à l'église de Billange, provenant du trésor de Grandmont; le bras reliquaire de sainte Félicité de l'église de Beaulieu, les reliquaires de la vraie croix du musée de Lille, de l'église de Jaucourt, de la cathédrale de Reims; celui de la sainte Épine, un petit cylindre vertical sur pied, des Augustines d'Arras, aujourd'hui dans la collection Sigismond Bardac, la croix de la collection Schiff; puis les objets usuels du culte, les crosses de saint Lizier et de la communauté du Bon-Pasteur d'Angers, l'admirable flambeau de la collection Oppenheim, et le pied de chandelier de la collection Bardac, le célèbre calice de

saint Rémy de la cathédrale de Reims, le ciboire du trésor de Sens, et la coupe de saint Bernard du musée de Dijon. Dans ces pièces d'orfèvrerie de toute forme, tous les procédés se retrouvent, pratiqués par des mains rudes, dépourvues d'adresse; mais la conviction y est arrêtée, et le caractère ornemental y est toujours juste et exactement adapté à l'objet. Les matières les plus diverses, or, argent, émail, pierres fines, y sont utilisées avec un sens étonnant de la couleur, de l'harmonie et de la composition décorative.

Le souci, déjà manifeste à la fin du xii° siècle, qu'avaient les orfèvres de suivre l'architecture dans ses développements, et d'en adopter les formes pour les objets qu'ils fabriquaient, s'accuse de plus en plus à partir du xiii° siècle. Les châsses en forme de maisons, les reliquaires à détails en ogives, iront se compliquant peu à peu de formes architectoniques, pinacles, niches, clochetons.

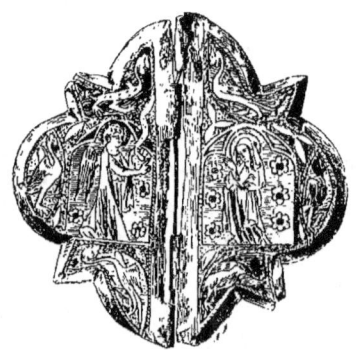

Mors de chape. Limoges, xiii° siècle
collection de M. Georges Chalandon.

L'exposition rétrospective présente, pour la période gothique, un ensemble de monuments absolument surprenant, où tous les trésors d'églises de la France, et de nombreuses collections publiques et privées, ont apporté leur généreux concours. Je ne crois pas qu'on ait jamais vu encore une semblable réunion de monuments d'orfèvrerie religieuse, et la France y peut prendre conscience d'un des arts les plus glorieux qui aient été pratiqués pendant plus de trois siècles en notre pays. Ce n'est pas le lieu ici de développements archéologiques sur ces chefs-d'œuvre ; nous ne pouvons que citer les plus caractéristiques, et arrêter un instant l'attention sur eux. Ce sont parmi les *Châsses*, celles de Saint-Sernin de Toulouse,

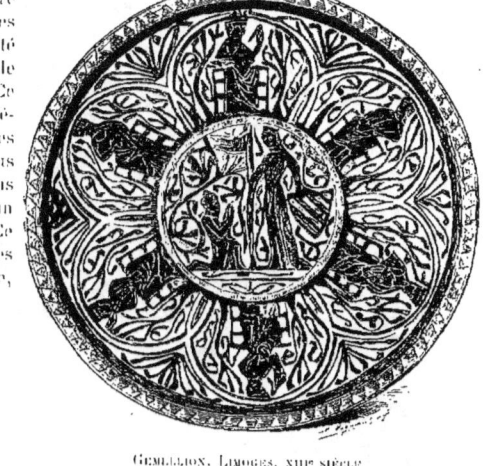

GEMELLION, LIMOGES, XIII<sup>e</sup> SIÈCLE
(collection de M. Georges Chalandon).

PLAQUE DE BRONZE GRAVÉE,
XIII<sup>e</sup> SIÈCLE
(collection de M. Cottereau).

de la cathédrale de Vannes, de la cathédrale de Chartres, de Saint-Taurin d'Evreux, des églises d'Ambazac et de Gimel, et de la collection Hubert Texier. Ce sont les *Crosses* des musées d'Amiens, de Dijon, de Rouen, des églises de Maubeuge, de Saint-Sernin de Toulouse, d'Angers, de la cathédrale de Cahors, et surtout celles des collections Bardac, Martin Le Roy, Oppenheim, etc. Ce sont les *Croix processionnelles* des musées d'Amiens, de Bordeaux, d'Angers et de Bourges, des églises de Troyes, d'Ussy, d'Orval, de Rouvres, de la Bassée, de Douchy, de Bousberque. Ce sont les *Bras reliquaires* de Saint-Nicolas de Valenciennes, de Varzy, de Saint-Préjoux de Najac, de Vigeois, de Beaulieu, de Saint-Omer, de Conques. Ce sont les deux *Vierges* de l'église Saint-Paul de Nice, et de la collection Oppenheim de Cologne, les belles *Couvertures d'évangéliaires* des collections Salting et Taylor, les *Reliquaires phylactères* de Saint-Goussaud, de Reims, de Saint-Martin de Brive, de Saint-Nicolas d'Arras. C'est aussi souvent dans de petits objets ou dans des fragments de monuments que se retrouvent les plus hautes qualités d'art de l'orfèvrerie de cette époque, les pyxides et les boîtes à hosties (collections de la marquise Arconati et de sir Taylor), les mors de chapes (collection G. Chalandon), les figures provenant de châsses (collections du baron Arthur de Schickler, Martin Le Roy, Bardac, Gillot, etc.).

Un certain nombre de

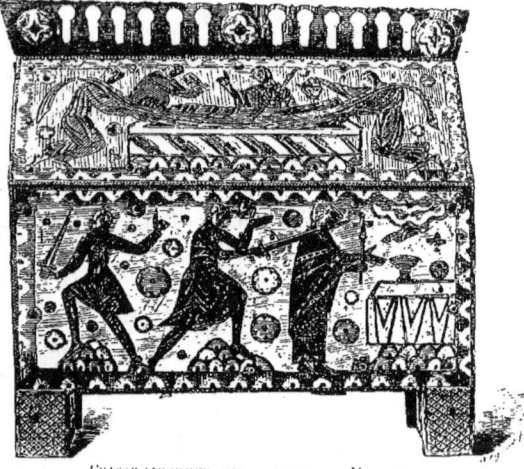

CHASSE LIMOUSINE, MARTYRE DE SAINT MARTIAL
collection de M. Martin Le Roy.

CHEF DE SAINT FERRÉOL, XIV<sup>e</sup> SIÈCLE
église de Nexon, Haute-Vienne.

bustes-reliquaires du XIV<sup>e</sup> siècle doivent être signalés parmi les monuments du plus rude caractère que nous ait laissés cette époque; ils offrent une étrangeté barbare qui a longtemps égaré l'archéologie sur les dates à leur assigner. Tels le sauvage buste de saint Nectaire, cette face de brute au menton rasé de près, le chef de saint Adrien, de la cathédrale de Tours, celui de saint Marcel de Bourges, celui de sainte Austreberthe à Saint-Sauve de Montreuil-sur-Mer, celui de saint Ferréol, de Nexon (Haute-Vienne), celui de sainte Essence à Saint-Martin-de-Brive et l'exquise figure de sainte Fortunade dont l'attitude un peu penchée et la grâce malingre sont d'un charme rare. C'est d'ailleurs un fait à noter, en particulier pour toutes les pièces d'émaillerie sorties des ateliers de Limoges au XIV<sup>e</sup> siècle, que ce caractère archaïsant qui s'est perpétué pendant

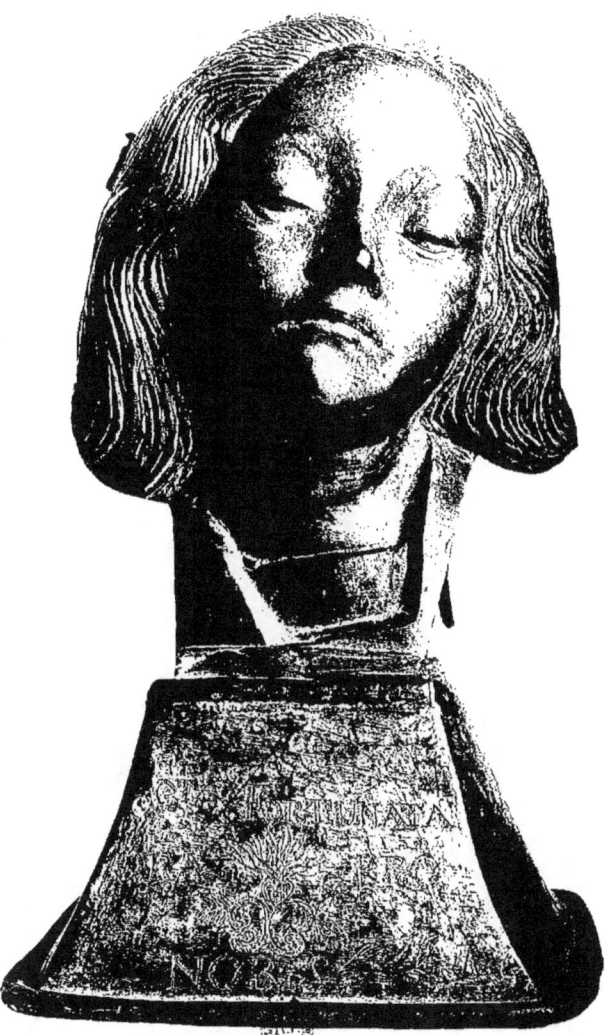

FIGURE DE SAINTE FORTUNADE (XIV° SIÈCLE)
(Église de Sainte Fortunade, Corrèze).

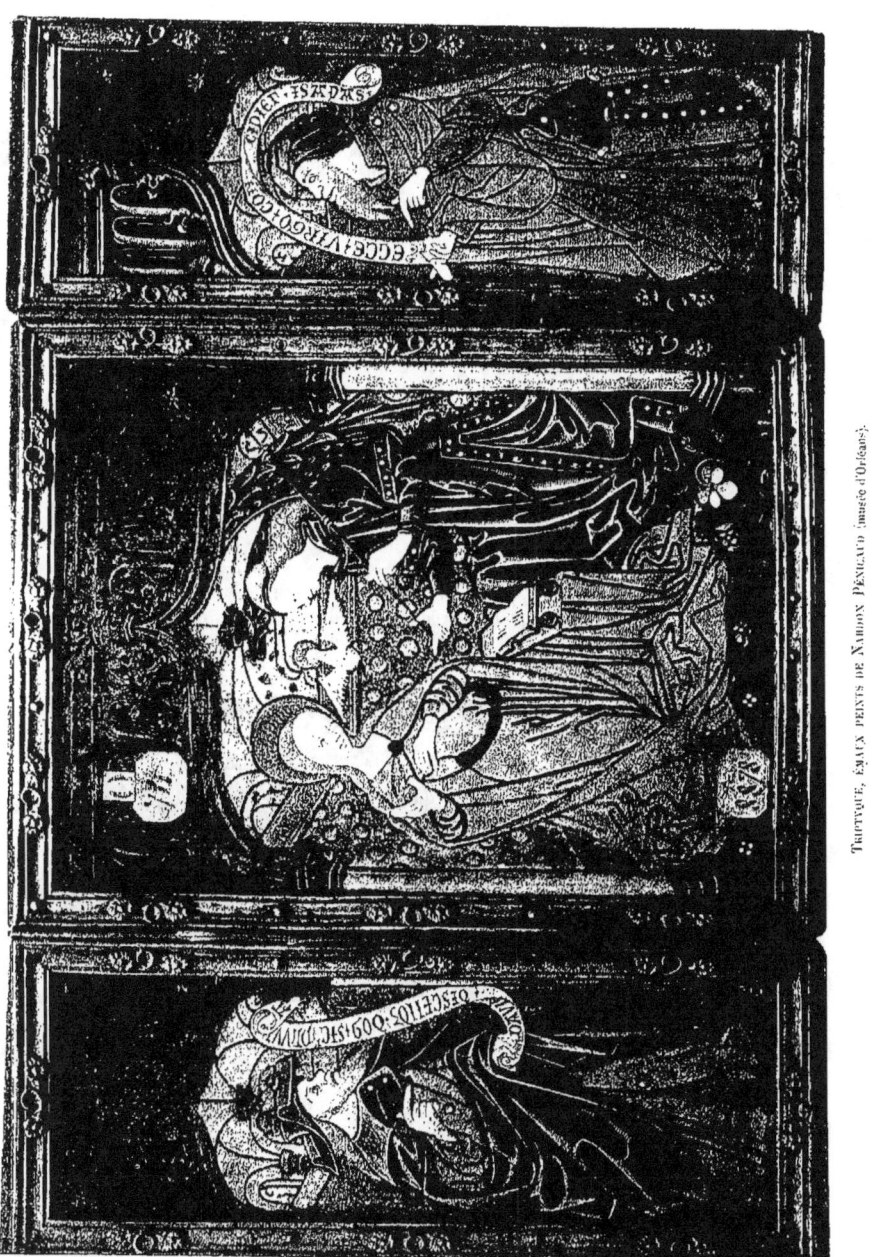

Triptyque, émaux peints de Nardon Pénicaud (musée d'Orléans).

plus d'un siècle sans que les ouvriers aient fait effort pour le renouveler. L'émail champlevé se pratiqua en France, et particulièrement à Limoges, durant tout le XV° siècle et au delà, mais à partir de ces époques nous n'avons plus rien à en attendre d'intéressant. Une nouvelle technique de l'émail appliqué à l'orfèvrerie était apparue, *l'émail translucide sur relief*. Elle avait été employée déjà au XIII° siècle pour recouvrir les fonds sur lesquels se détachait le décor en réserve. Puis les vêtements ciselés se recouvrent d'émail, et à la fin du XIV° siècle on émaillait de véritables bas-reliefs. On a beaucoup discuté pour savoir si c'était la France ou l'Italie qui avait pour la première fois mis cet art en pratique ; quoi qu'il en soit, dès le premier tiers du XIV° siècle, nous voyons l'émail translucide pratiqué en Allemagne, aussi bien qu'en France et en Italie. Le musée de Rouen expose un petit livre en argent doré, décoré de jolis émaux translucides ; les églises de Saint-Dalmas et de Lantosque près Nice deux beaux calices. Citons aussi la belle croix de l'église de Rigarda, et l'admirable paix de la cathédrale de Nice.

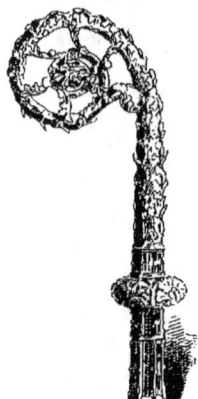

CROSSE, XV° SIÈCLE
(église de Maubeuge).

Le goût de l'orfèvrerie fut loin de se ralentir au XVI° siècle, et l'influence italienne n'avait pas attendu la venue de Benvenuto Cellini pour s'y faire sentir. Les amateurs, très nombreux alors, des gemmes et pierres précieuses s'adressaient aux orfèvres pour les monter avec goût. Nous ne possédons guère d'orfèvrerie authentique du temps de François I<sup>er</sup>. Mais si le XVI° siècle marqua un goût très vif pour l'orfèvrerie, une nouvelle forme de l'émaillerie, *l'émail peint*, allait, pendant ce siècle et le suivant, avoir une vogue incroyable, et telle que bien peu d'arts industriels en ont connu.

LES ÉMAUX PEINTS. — Ainsi que l'a fort bien noté Darcel, il est curieux de retrouver des verriers à l'origine de cette fabrication. Les Pénicaud, à Limoges, qui figurent en tête de la liste, étaient des verriers. Il est vrai que plus d'un demi-siècle avant, le procédé était déjà connu, ainsi qu'en témoignent deux petites pièces du musée des antiquaires de l'Ouest

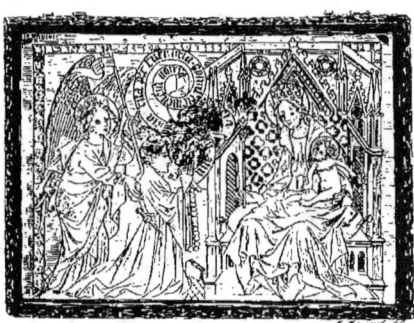

PLAQUETTE D'ARGENT GRAVÉ PRÉPARÉE POUR L'ÉMAILLERIE
XIV° SIÈCLE
collection de M. Paul Garnier.

à Poitiers, où figurent des personnages en costumes de 1450 environ, et un petit médaillon du musée de Compiègne. Une plaque du musée céramique de Limoges, représentant l'adoration des mages et portant les armoiries de l'évêque de Montbas, est très importante, puisqu'elle est implicitement datée d'entre les années 1486 à 1510.

Toute une série d'émaux peints, quelques-uns signés, ont appelé l'attention sur un mystérieux artiste qui se serait nommé *Monvaerni*. On a dit que c'était un nom tronqué. Celui qui le portait, s'il n'était pas un dessinateur impeccable, était du moins

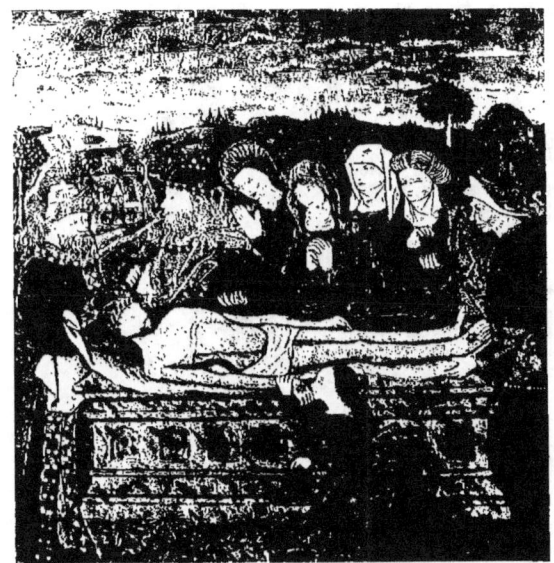

LA MISE AU TOMBEAU, ÉMAIL PEINT DE NARDON PÉNICAUD
collection de M. Georges Chalandon.

un remarquable coloriste. Il aimait, comme dans les tapisseries de cette époque, établir des premiers plans avec des plantes et des fleurs de pure fantaisie, très naïvement traitées. Un triptyque célèbre, jadis de la collection Odiot, est exposé par M. Cottereau ; il est signé. Une grande plaque, la *Mise au tombeau*, de la collection Chalandon, un saint Martin de la collection Bardac, sont des œuvres du même artiste.

Les auteurs d'émaux peints n'avaient aucune imagination ; il n'est pas une de leurs œuvres qui soit de création personnelle ; toutes sont des traductions, presque toujours même des copies d'estampes flamandes ou françaises de l'époque. Ceux qui ont fait des portraits s'adressaient alors à des dessinateurs de métier qui exécutaient les figures, que les émailleurs n'avaient qu'à reporter ensuite.

Le plus ancien nom d'artiste émailleur qui nous soit connu est celui de Nardon Pénicaud, qui naquit vers 1470 ou 1480, et fut le chef d'une famille célèbre dans les annales limousines. Ses émaux se recommandent par une coloration particulière, une sorte de ton violacé donné aux chairs, et par l'emploi de l'or dont les vêtements sont souvent rehaussés. Dans les compositions où le paysage intervient, le ciel, d'un bleu intense, est semé d'étoiles d'or. Ces caractéristiques se retrouvent dans les triptyques

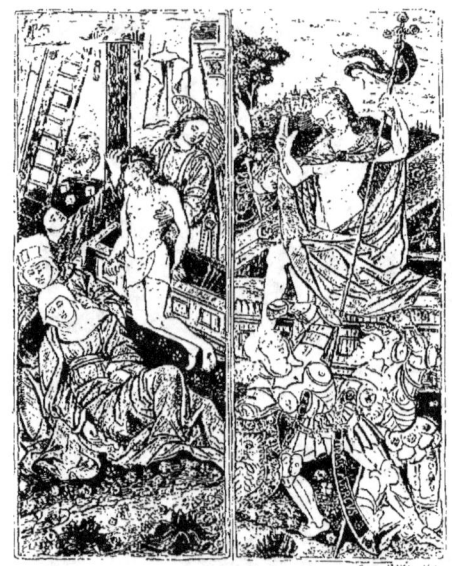

ÉMAIL PEINT DE JEAN I<sup>er</sup> PÉNICAUD
collection de M. Paul Garnier.

du musée de Bourges, de la société des Antiquaires de Normandie, dans la curieuse châsse de saint Loup, à la cathédrale de Troyes, dans le beau triptyque représentant l'*Annonciation, Isaïe et David* au musée d'Orléans, dans les émaux des collections Boy et Cottereau.

Jean I<sup>er</sup> Pénicaud, frère ou neveu de Nardon, se différencie de lui par l'emploi peut-être excessif du paillon, qui décore souvent des surfaces un peu larges, et leur donne un aspect parfois trop coloré. Les deux plaques de la collection Garnier, *Descente de croix* et *Résurrection*, sont cependant très remarquables. La série des 16 plaques, *Suite de l'Énéide*, de la collection Jules Porgès, ne l'est pas moins.

Jean II Pénicaud est vraiment l'artiste le plus doué de la famille ; ses émaux points en grisaille sont des œuvres d'art exquises et raffinées, harmonieuses et douces. Les collections Paul Paix de Douai, Garnier, Bardac, Mannheim, les musées d'Aix et de Langres, en présentent des exemplaires tout à fait beaux. Avec *Jean III Pénicaud*, fils ou neveu de Jean II, apparaît le style de l'école de Fontainebleau, car nous sommes dans la seconde moitié du xvi° siècle. C'est un dessinateur qui ne manque pas d'habileté, et ses émaux ont souvent la prétention de chercher à valoir

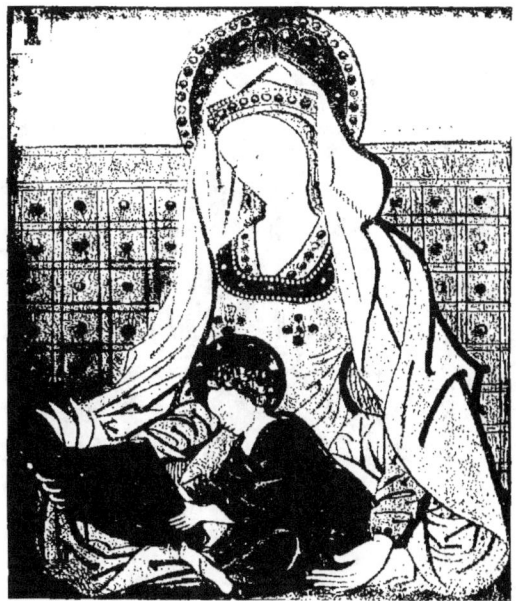

ÉMAIL PEINT DE NARDON PÉNICAUD
musée de Troyes.

par des qualités picturales pures. Les deux grandes plaques de *Samson et Dalila*, du musée de Dijon, sont très importantes.

Des noms d'émailleurs moins connus, tels que Martin Didier, figurent avec de belles œuvres, comme la plaque des *Trois Grâces*, de la collection Oppenheim et le grand triptyque de M. Mannheim; les deux Couly Nouailher et Pierre Nouailher avec la plaque de la *Crucifixion* de l'église Saint-Rémy de Reims, le coffret du musée de Saint-Omer.

Des Reymond, qui à Limoges ont aussi constitué une dynastie, il ne sied de retenir qu'un seul, Pierre Reymond, artiste de goût, dessinateur précis, qui trouva des colorations subtilement nuancées dans les bleus et les verts. On peut le juger excellemment par la plaque de l'église Saint-Rémy de Reims, la grande grisaille *Hercule et Antée*, du musée de Dijon. Il a laissé des séries considérables de vaisselle, aiguières, plats, salières, assiettes, décorées de scènes empruntées aux gravures de Marc Antoine, qui eurent, de son vivant, une vogue inouïe. Son goût personnel s'y affirme dans les revers qui portent une décoration de cartouches, de rinceaux et de médaillons très habilement conçue. Le service des douze *Mois* et assiettes de la collection Charles Mannheim, ne saurait être trop admiré, ainsi qu'une admirable coupe de la

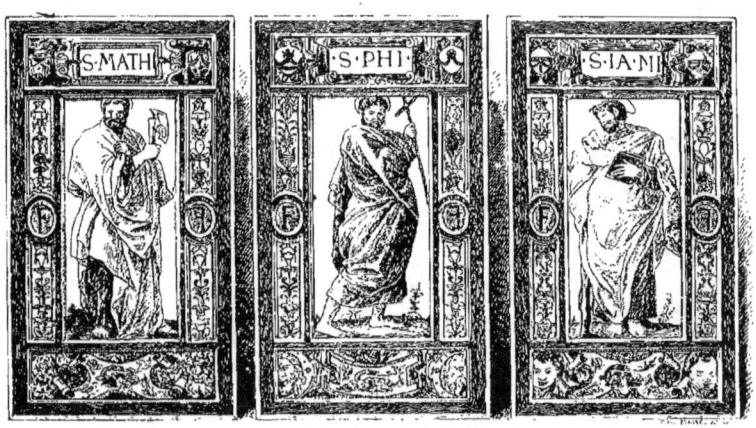

LES ÉVANGÉLISTES, ÉMAUX PEINTS DE LÉONARD LIMOSIN
(église Saint-Père, à Chartres).

collection Alphonse de Rothschild. Son élève, Pierre Courteys, se confond bien souvent avec lui, ce qui ne veut pas dire qu'il n'ait laissé que des œuvres de reflet.

Enfin la famille Court ou de Court, avec un artiste comme Jean Court, clôt dignement cette série des artistes limousins de la Renaissance.

Il faut revenir un peu en arrière, pour parler d'une famille considérable et qui tint la plus grande place dans l'histoire de l'émaillerie limousine, la famille des Limosin. Léonard, le chef de la famille, et celui dont le nom est passé à la postérité, a joui de son vivant d'une popularité qui s'est perpétuée ; et si l'histoire de l'art français a été pendant bien longtemps à peu près inconnue, deux noms du moins ont toujours incarné l'art industriel du XVIe siècle, Bernard Palissy et Léonard Limosin. Sans doute ce dernier le doit surtout à ses portraits, où il cherchait à fixer l'image de ses contemporains par des moyens strictement picturaux, et dans lesquels il lui fallait être maître du feu de telle sorte qu'aucun accident du four ne vînt modifier l'œuvre à son premier état. Il y acquit une telle sûreté que ses portraits eurent autant de vogue que ceux des peintres de son époque. Les collections des barons Alphonse, Gustave et Edmond de Rothschild ainsi que la collection de M. Kann ont permis de montrer quelques-uns de ces grands portraits-médaillons. Une autre de ses œuvres les plus considérables est la série des grands émaux représentant les

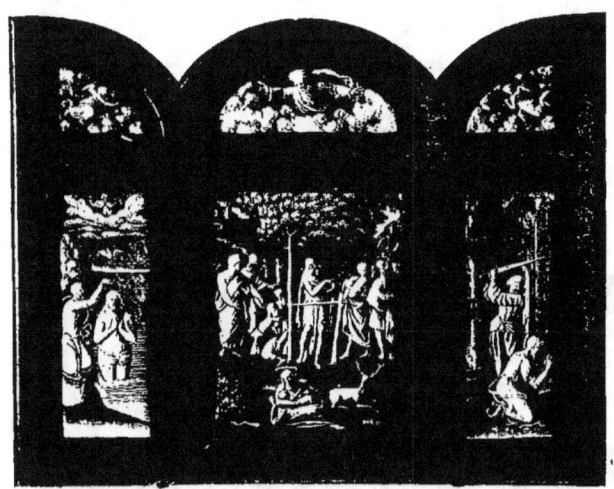

Triptyque, émail peint de Jean II Pénicaud
(collection de M. Ch. Mannheim).

douze apôtres qui furent commandés pour la chapelle du château d'Anet et sont aujourd'hui à l'église Saint-Père de Chartres. Les apôtres y figurent sous les traits de personnages contemporains, François I$^{er}$ en saint Thomas, l'amiral Chabot en saint Paul. La famille des Limosin poursuivit l'œuvre de Léonard très tard dans le XVII$^e$ siècle, mais sans qu'il importe d'en suivre le développement. Ce n'était plus alors qu'un art provincial, dont la décadence irrémédiable s'affirme dans les petits objets de piété devenus si nombreux à cette époque.

## BRONZES ET BIJOUTERIE

Comme nous l'avons déjà remarqué pour la céramique, on ne saurait parler de l'art de travailler le métal en France, sans commencer par les objets romains et gallo-

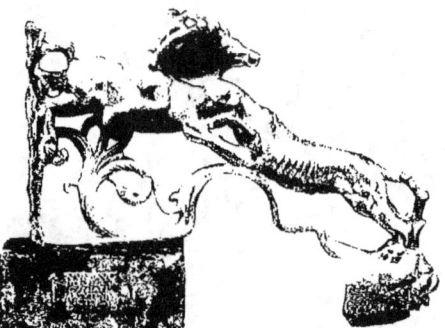

Timon de char, époque gallo-romaine (musée de Toulouse).

romains, que des fouilles faites un peu dans toutes les régions ont ramenés en si

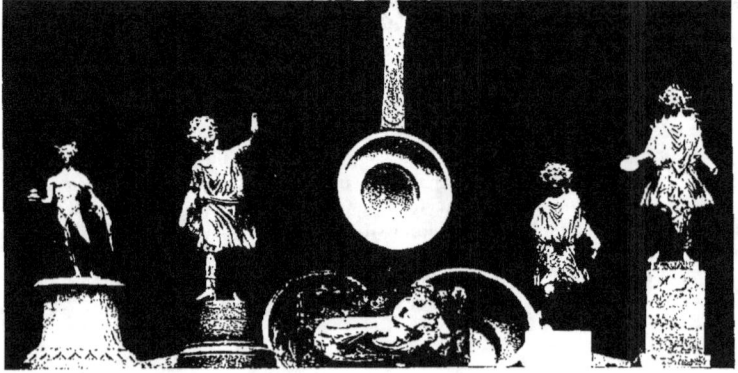

Bronzes gallo-romains.

grand nombre à la lumière. Cette série n'est pas la moins intéressante de celles qu'on a pu grouper dans la salle du métal ; et qu'ils aient été importés d'outre-monts, ou qu'ils aient été fabriqués en Gaule même, il est certain que ces petits objets ont été un des facteurs importants de l'influence antique sur notre art médiéval.

Quelques-uns de ceux qui sont exposés à la Rétrospective sont même d'absolus chefs-d'œuvre, où se retrouve le génie grec : le petit *Hercule* de la collection Bizot, de Vienne (Isère), pourrait être comparé aux plus beaux bronzes de la période hellénique. Citons encore un charmant groupe d'*Hermès et Dionysos*, du musée de Péronne, un admirable petit buste de *Bacchus*, du musée de Valenciennes, un *Hercule* de la collection Morel, et une *Vénus*

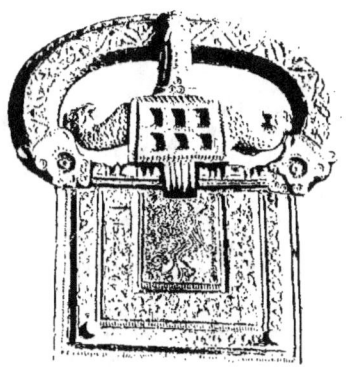

Plaque de ceinturon, époque mérovingienne
(musée de Péronne).

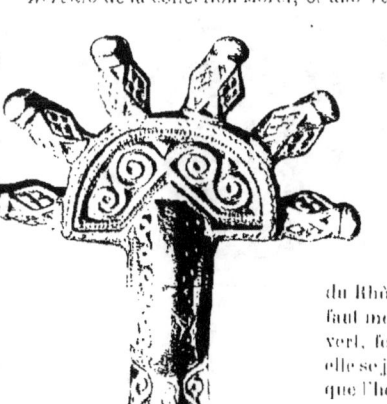

Fibule mérovingienne
(musée de Reims).

du musée de Chambéry. Une plaque décorée de deux personnages étendus, un Dieu s'appuyant sur une femme couchée auprès de lui, pourrait être une représentation du Rhône et de la Saône, si fréquente dans les monuments gallo-romains nés dans la vallée du Rhône ; ce fut sans doute une plaque de coffret. Il faut mettre hors de pair un timon de char en bronze vert, formé d'une lionne qui attaque un cavalier : elle se jette au poitrail du cheval qui se cabre, tandis que l'homme brandit une massue ; l'œuvre est admirable par l'énergie de l'allure et le mouvement ; elle appartient au musée Saint-Raymond à Toulouse.

La collection des armes gauloises et gallo-romaines est aussi très complète, depuis les épées de bronze qui sont vraisemblablement antérieures à l'an 500 avant Jésus-Christ, et qui ont partout précédé les épées de fer ; ces dernières, en effet, étaient plus difficiles à travailler, la rouille les attaquait et les ruinait, et elles ne remplacèrent celles de bronze que quand la métallurgie fut en mesure d'en produire de bonnes. D'ailleurs les armes de bronze ne disparurent jamais complètement. Elles affectèrent longtemps les mêmes formes et ne dépassaient pas un mètre de longueur.

Puis il y eut une époque, dite du second âge du fer, où les épées de fer furent bien particulières, plus courtes que celles de bronze. Au temps de César, gauloises et romaines se ressemblaient tellement qu'on ne peut les distinguer.

Tous ces types différents sont représentés par les collections si complètes qu'a bien voulu prêter M. Morel, de Reims, les épées celtibériennes de la Marne, celles de Salon et Marsan, les épées de bronze des fouilles de Somme-bionne, puis les épées de fer de Jonquières-en-Vaucluse et de Clermont-en-Argonne.

Mais le début du v° siècle en Gaule vit la formidable invasion des peuples germaniques, dont la poussée vers l'ouest fit craquer le vieil empire romain. La Gaule fut partagée entre les envahisseurs, Francs, Wisigoths et Burgondes. Sans être parvenus à une civilisation très raffinée, ce n'étaient plus des sauvages. Leurs goûts guerriers les avaient incli-

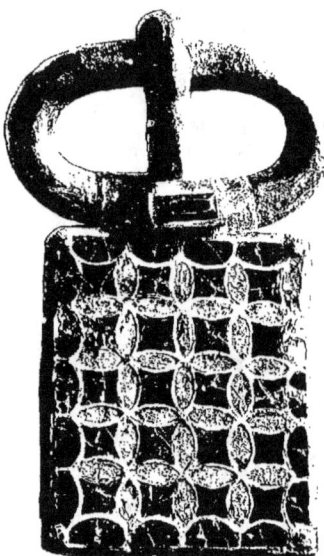

FIBULE MÉROVINGIENNE
(collection de M. Boulanger, de Péronne).

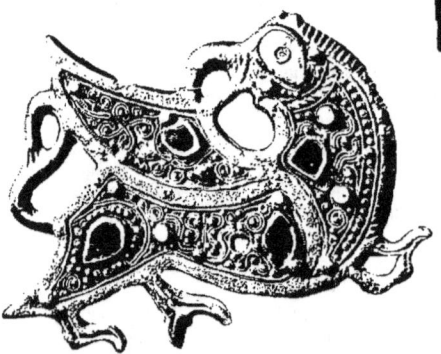

GRIFFON. ÉPOQUE MÉROVINGIENNE (musée d'Arras).

nés à pratiquer l'art de décorer leurs armes. Ils aimaient aussi les bijoux, et savaient s'en parer. Les œuvres de l'industrie barbare présentent alors d'un bout à l'autre de l'Europe un caractère de grande unité, et une pratique courante de l'orfèvrerie cloisonnée, décorée de plaques de verroterie et de cabochons, de grenats et de pierres précieuses.

On a beaucoup discuté sur l'origine de cette décoration, pour savoir si elle était originale, inventée spontanément par les Barbares, ou bien transmise de peuples à peuples. Il est très vraisemblable qu'elle fut usitée, bien antérieurement aux époques mérovingiennes, par des peuples orientaux, les Perses entre autres, et que les migrations barbares furent les véhicules qui les transmirent aux peuples occidentaux.

Les objets caractéristiques et capitaux de l'époque mérovingienne sont dans les collections publiques, et c'est là que cette histoire doit être étudiée, avec des monuments tels que les pièces de la sépulture de Childéric Ier (Bibliothèque nationale), celles du trésor de Gourdon au Cabinet des Médailles, celles de Charnay au musée de Saint-Germain, celles de Pouan au musée de Troyes.

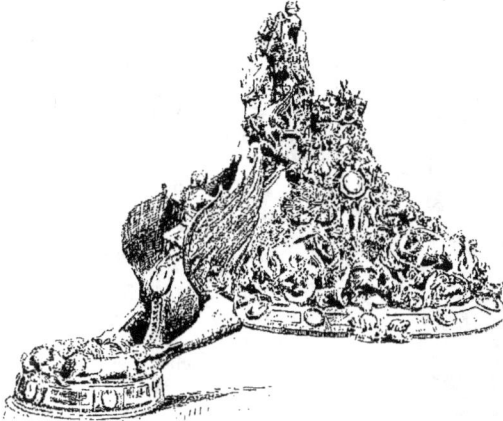

PIED DE CHANDELIER DE SAINT-RÉMY. XIIe SIÈCLE
(musée de Reims).

Toutefois, quelques belles pièces sont exposées au Petit Palais, quelques armes, les couteaux longs et recourbés, dits scramasaxes ; les épées plus longues et plus lourdes que les épées romaines, les haches à bords recourbés dites franciques ; les lances, framées ou angons.

Les objets de parure sont les fibules ou agrafes en métal, sortes d'épingles de sûreté, tantôt circulaires, tantôt en forme de tiges surmontées d'un demi-cercle ou d'un rectangle. Elles étaient d'or, d'argent ou de bronze, décorées de verroteries ou de grenats. Elles avaient souvent un caractère admirable de simplicité fruste et sauvage, telle la fibule de Macornay (Jura), en fer damasquiné d'argent, gravé d'ornements linéaires. Elles offrent enfin un aspect riche et singulier, comme les deux griffons du musée d'Arras, décorés de filigranes d'or rehaussés de cabochons grenats.

La fibule du musée de Péronne est une merveille de composition, la boucle est faite d'un reptile à double tête de monstre ; de chaque côté deux petites plaques d'or sont gravées d'une bête.

M. Boulanger, de Péronne, a prêté toute une collection de bijoux du plus haut intérêt. Il faudrait s'y arrêter longuement, étudier toutes ces pièces de grand caractère, si riches en formules ornementales dont s'est si bien inspiré le décorateur Grasset.

Deux bagues du musée de Châteauroux et de la cathédrale d'Evreux sont superbes ;

elles sont en or filigrané avec cabochons grenats et turquoises. Deux broches du musée de Péronne et de Cesses (Meuse) offrent une décoration semblable.

## DINANDERIE

La dinanderie est une des séries qui attirent le plus l'attention. Il en est peu qui, au moyen âge, présentent plus de caractère et auxquelles les amateurs aient voué depuis quelques années un goût plus vif.

On désigne sous ce nom toute une classe d'objets de fonte, de bronze ou de cuivre qui, vraisemblablement, furent fabriqués à l'origine dans la vallée de la Meuse; on y trouvait de grands gisements de zinc, qu'on préférait alors à l'étain dans les alliages du cuivre. Ce qui est certain, c'est que la réputation des fondeurs liégeois s'était répandue en Europe durant le XIIe siècle, et que l'industrie eut en cette région un développement analogue à celui que nous avons pu constater à Limoges pendant les XIIe et XIIIe siècles pour la fabrication des émaux champlevés.

C'est à Dinant que ce travail du cuivre fut le plus actif. Nous avons une date précise d'exécution et un nom d'artiste pour un monument de cette époque. Jean d'Outre-Meuse nous a appris que le maître batteur de cuivre Lambert Patras exécuta en 1113 des fonts baptismaux pour l'église Saint-Barthélemy de Liège, où ils existent encore.

COQUEMARD, XIIIe SIÈCLE
collection de M. Chabrière-Arlès.

Les *aiguières et coquemards* nous sont parvenus en assez grand nombre; la plupart proviennent sans aucun doute de la région meusienne. Les plus anciens ne peuvent guère être antérieurs au XIIe siècle. Ils affectent des formes humaines ou animales très stylisées, où se sent l'influence des textes littéraires, si impérieuse à l'époque carolingienne. Deux aiguières, l'une en forme d'oiseau, de la collection Chabrière-Arlès, l'autre en forme d'oiseau à figure humaine soufflant dans une flûte

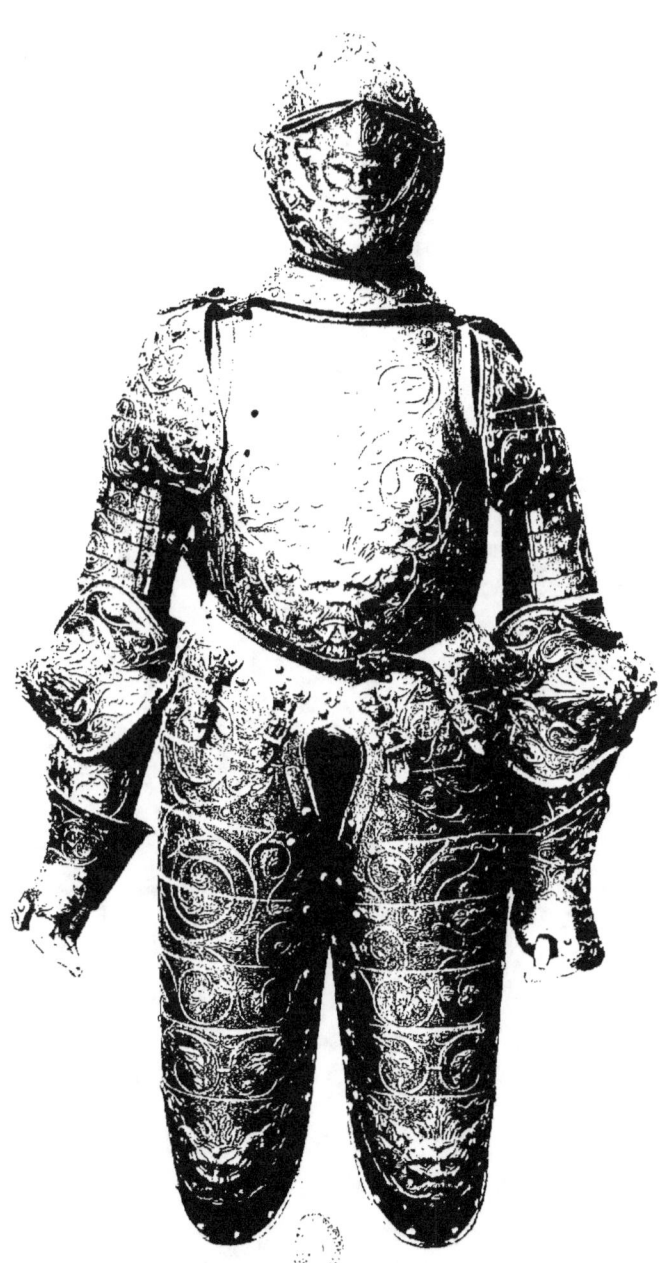

Armure de Henri II (collection de M. Sigismond Bardac).

(collection Martin Le Roy), rappellent encore le caractère roman. On pourrait les rapprocher utilement de pièces bien plus anciennes, du musée de Pesth et du trésor d'Aix-la-Chapelle. De ces aiguières en bustes on pourrait rapprocher aussi la tête si curieuse qu'a bien voulu prêter M. Oppenheim de Cologne, et qui peut être du XIIe siècle.

Romans et du XIIe siècle sont sans doute encore les chandeliers formés de lions chevauchés par des cavaliers portant le bobéchon sur la nuque, et ouvrant d'une main la gueule du monstre. Ce type est remarquablement représenté par les pièces des collections Oppen-

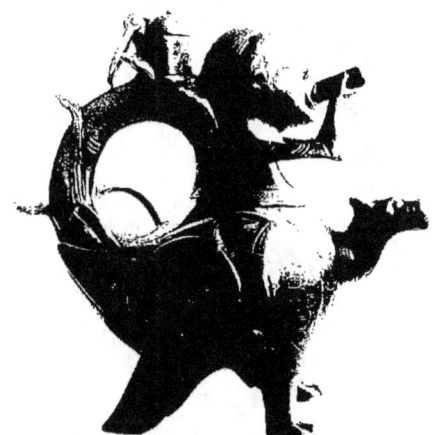

COQUEMARD, XIIIe SIÈCLE
(collection de M. Martin Le Roy).

heim, Martin Le Roy, Salting et Goldschmidt, puis plus tard le cavalier a disparu ; deux petites pièces très curieuses, à M. Chabrière-Arlès, représentent des bêtes assez singulières portant des tours sur le dos.

Du XIIIe siècle, bien qu'ils aient encore le caractère roman attardé, sont des cavaliers dont le British Museum et les musées de Stockholm et de Christiania présentent des spécimens remarquables. La femme droite en selle, tenant un faucon sur le poing, les cheveux nattés sous un petit bonnet bizarre, est bien du XIIIe siècle par le caractère des pièces de harnachement (collection Chabrière-Arlès). Le cavalier cuirassé et casqué de la collection Oppenheim, celui si curieux, à l'accoutrement militaire et au long bouclier, de la collection Sigismond Bardac, sont aussi des dinanderies remarquables.

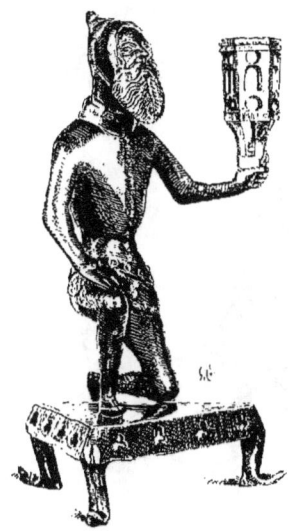

CHANDELIER DU XIVe SIÈCLE
(collection de M. Chabrière-Arlès).

Un peu moins anciens, et du XIVe siècle, sont les personnages porte-lumières, tels que ceux des collections Martin Le Roy et Fitz-Henry. Et du XVe, ce groupe singulier en cuivre, de la collection Chabrière-Arlès, où

Aristote est représenté chevauché par une femme, sujet tiré de cette légende comme de tout le moyen âge, sous le nom du *Lai d'Aristote*.

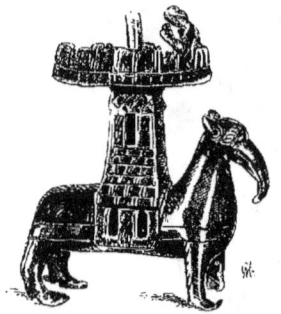

CHANDELIER, XIVᵉ SIÈCLE
(collection de M. Chabrière-Arlès).

Le XIVᵉ siècle vit apparaître aussi toute une variété considérable d'objets usuels, de bronze ou de cuivre, nés évidemment dans les provinces flamandes. C'étaient des mortiers (et les musées de province en ont fourni une importante série), des vases à eau bénite, des aiguières, des vases à verser l'eau. M. Edmond Guérin en a prêté toute une collection des plus intéressantes et des plus variées. Il faut admirer le galbe robuste ou élégant de tous ces objets, et combien l'artisan comprenait alors l'adaptation des objets à l'usage auquel ils étaient destinés. L'aiguière de M. Martin Le Roy est un modèle parfait.

Flamands encore sont de beaux plats en cuivre jauni, à ornements estampés, avec personnages, animaux ou godrons.

A défaut des grandes pièces de bronze, fonts baptismaux ou chandeliers, qui au début du XIᵉ marquent l'art du bronze parvenu déjà à un point remarquable de perfection dans les provinces allemandes, à défaut des bronzes d'Hildesheim ou de Brunswick, ou du grand chandelier du Dôme de Milan, la France peut s'enorgueillir du moins d'une pièce extraordinaire, prêtée par le musée de Reims. Ce sont les deux fragments du cierge pascal monumental de l'église Saint-Rémy. Le pied formé d'un dragon portant sur son dos un homme qui saisit ses deux ailes ouvertes, le panneau d'entre-deux où d'une tige centrale s'échappent de surprenants rinceaux, un dragon à la base, un homme au sommet, tandis que des spirales enveloppent un centaure, sont des fragments extraordinaires où se

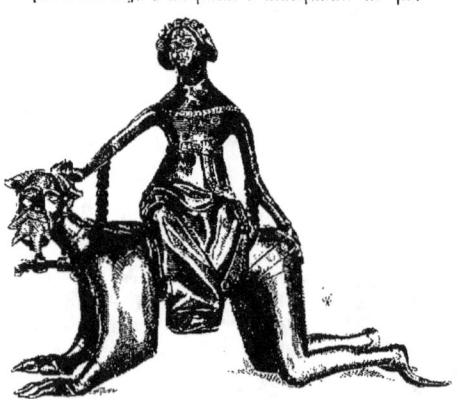

LE LAI D'ARISTOTE, XVᵉ SIÈCLE
(collection de M. Chabrière-Arlès).

trouve exprimé tout l'art du XIIᵉ siècle. Dans de petites dimensions les pieds de croix des collections Sigismond Bardac et Goldschmidt sont aussi d'admirables reflets de l'art roman au XIIᵉ siècle.

## FERRONNERIE

La ferronnerie est un art qui, par les difficultés mêmes de la matière et les exigences du mécanisme s'opposant à une décoration libre, est plus particulièrement intéressant. Il n'en est pas où il ait fallu plus de soin et de ténacité à l'ouvrier.

On peut étudier tout le développement de cet art dans les serrures à vertevelle, qui sont les plus anciennes, et dont les formes n'ont pas changé du XII° au XV° siècle. Les motifs empruntent au style gothique le

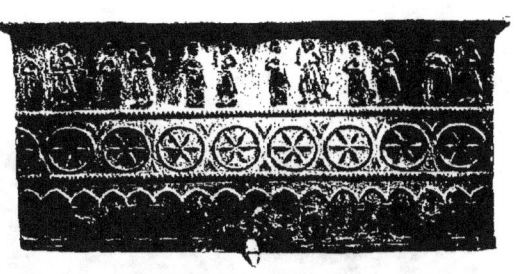

FONTAINE, XIV° SIÈCLE (musée d'Albi).

système des arcatures et des niches. Le travail est parfois si compliqué et si fou de délicatesse qu'il ne semble pas que de tels objets aient pu être mis en place.

Jusqu'au XV° siècle les clefs furent très simples : toujours un anneau plat sans décoration. On voit apparaître déjà une sorte de trèfle ajouré. Mais c'est avec le XVI° siècle que le travail s'y complique d'une ornementation extraordinaire. La poignée se compose souvent de deux sujets adossés où s'est donné libre cours toute la fantaisie de l'ouvrier; le canon est court et uni. Mais toujours la clef reste un objet de ferronnerie, traité par les moyens que fournissait la forge.

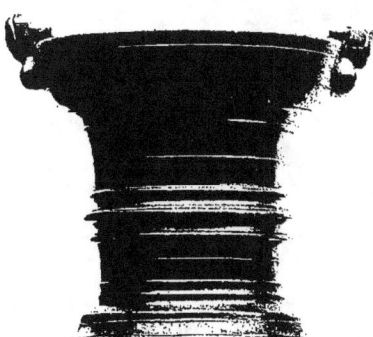

SEAU A EAU BÉNITE, XV° SIÈCLE
(collection de M. Edmond Guérin).

Avec le XVII° et surtout le XVIII° siècle, elle devient un objet de luxe et de parade. Le fer est traité comme l'or ou l'argent par le bijoutier. C'est le travail de gravure et de ciselure qui aura le premier rôle.

Toute l'histoire de cet art peut être aisément suivie dans les vitrines où la racontent les objets des collections Doistau, Morsent, Dallemagne. La collection de clefs de M. Doistau présente tous les types imaginables, en spécimens choisis avec un goût parfait et sûr.

## HORLOGERIE

Si l'industrie des *horloges* est pour la Renaissance presque entièrement allemande, il n'en est pas de même pour les *montres*, qui sont en majorité d'origine française. Les formes furent alors assez compliquées et plus originales souvent que pratiques. Les unes figurent la croix de Malte, les coquilles de saint Jacques, une fleur de lys, même une tête de mort. La forme ronde est rare ; l'ovale et l'octogone permettaient au graveur des dispositions plus avantageuses. D'ailleurs l'orne-

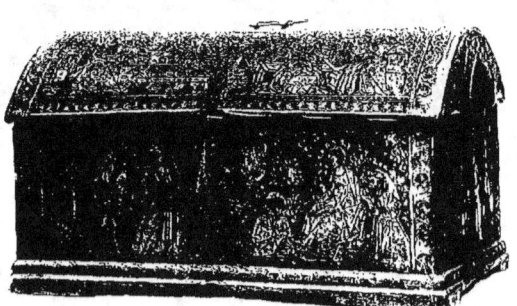

COFFRET EN CUIR XV<sup>e</sup> SIÈCLE
(musée de Clermont-Ferrand).

mentation ne se contente pas de l'enveloppe ou boîtier, elle envahit le mécanisme, couvre le cadran, le coq et le cliquet.

L'argent et le cuivre étaient surtout employés comme matières subjectives. L'emploi de l'émail est rare avant Henri II. Et même alors il est discret, se réduit à de légers ornements sur fond d'or. Tous les dessinateurs de l'époque ont travaillé à composer des modèles pour les horlogers, Étienne Delaune, Théodore de Bry, Pierre Woeiriot, et pour le début du XVII<sup>e</sup> siècle, Abraham Heeck, Philippe Millot, Jacquart, Hursu et Janssens.

Avec Louis XIV tout change. L'effet et la richesse d'aspect s'imposent, et l'art délicat et fin passe au second rang. Vauquier, Gribelin, Bourdon, Briceau, Daniel Marot et Paul Decker travaillent en ce sens. Le cuivre et l'argent font place à l'or, et la ciselure détrône la gravure. Plus de souples rinceaux, ni de fines arabesques, mais des personnages en relief. Les personnages, qui pendant la Renaissance apparaissaient dans l'ornementation, se groupent maintenant en compositions compliquées. Les dieux font place aux scènes tirées de la Bible et de l'Évangile.

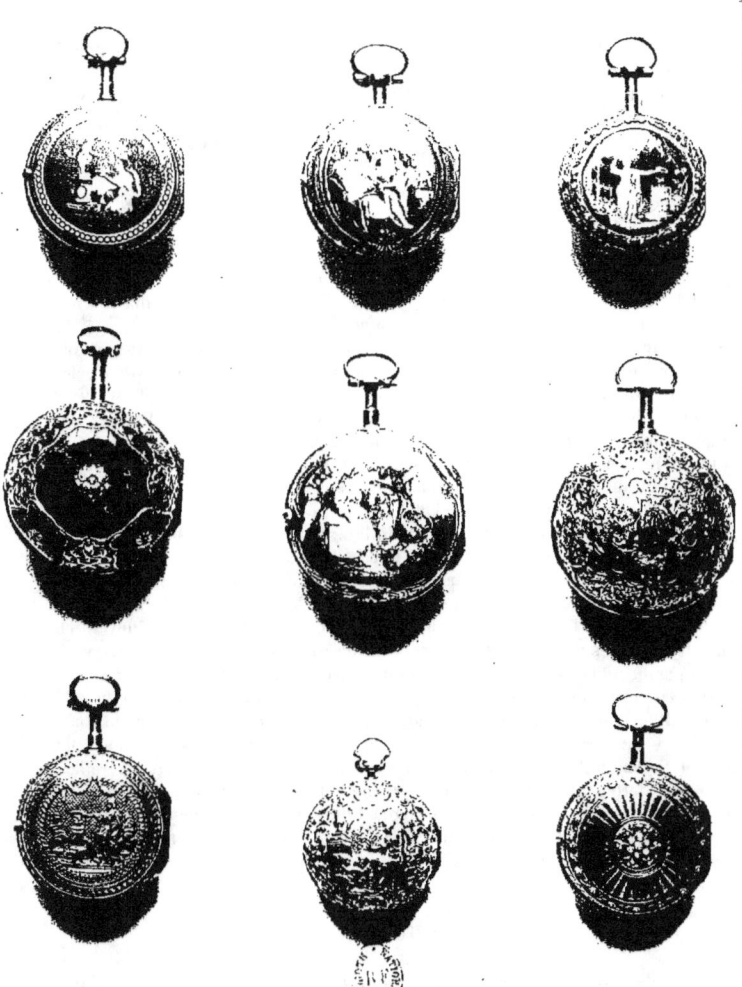

Montres du XVIII<sup>e</sup> siècle (collection de M. Bernard Franck).

Avec Louis XV et Louis XVI enfin le boîtier se revêt d'une couche d'émail, et le métal n'est plus matière décorable. Toutes ces compositions d'émail peint reflètent l'art de l'époque, et suivent la mode.

Les collections particulières ont seules permis de constituer la série si importante des montres. Le xvi⁰ siècle et le commencement du xvii⁰ sont représentés par la collection de M. Artus ; les époques de Louis XV et de Louis XVI par celle de M. Bernard Franck ; les deux siècles, par celle, si complète, de M. Paul Garnier.

## ARMES

L'exposition rétrospective ne pouvait prétendre à former une série complète pour les armes. Le champ était trop vaste, et le musée d'artillerie trop voisin ; on ne pouvait que réunir quelques pièces caractéristiques.

Si j'en excepte le casque de Vezeronce à la bibliothèque de Grenoble, qui est du xi⁰ siècle, la série d'épées du musée de Saint-Omer nous présente pour le xiii⁰ siècle une variété remarquable de ces armes. Elles ont toutes été trouvées dans des gués, et sont rongées de rouille. Elles sont longues, à deux tranchants pour frapper de taille, et excellemment trempées. La garde est une simple croisette droite ou infléchie. La fusée, forte à sa partie inférieure, s'effile un peu vers le pommeau en forme de demi-disque ou de bouton. C'est l'épée chevaleresque.

Dès le xv⁰ siècle le luxe des armes devient effréné ; deux couteaux de chasse avec leurs gaines de cuir aux armes de la maison de Bourgogne sont des objets parfaits ; le chapeau de fer du musée d'Abbeville est d'une belle rudesse.

Mais c'est avec le xvi⁰ siècle que l'armure et l'épée atteignent leur summum de perfection, le quillon droit disparaît, il se recourbe et s'élargit. Nous citerons deux épées, des musées de Dijon et du Mans, les dagues des collections Thevalt et Ch. André, les armures du musée de Cahors à damasquines d'or sur un fond verni noir, le casque du musée de Chartres, si simple, encore muni d'une grille, avec son armet décoré en repoussé d'un oiseau de proie plein de caractère. Celui de la collection Thevalt est orné de scènes de combats : l'acier bruni est revêtu de fines ciselures d'or. C'est aussi le principe décoratif de la superbe armure de Henri II, de la collection Sigismond Bardac, dont les larges rinceaux se déroulent en reliefs accusés. Il faut mettre tout à fait hors de pair une splendide armure qui du château de Lude est entrée au musée de Draguignan. Elle présente des bandes noires et or alternées, gravées très délicatement. Elle a dû appartenir à François II, ainsi qu'en témoignent les monogrammes F.-M.-l. cantonnés de quatre S, chiffre de François II et de Marie Stuart.

## CUIRS

La série des cuirs étant très réduite, nous ne lui consacrerons que quelques lignes. Qu'il suffise de rappeler que les pratiques se ramènent en somme à trois ou quatre procédés. Le premier, le plus ancien, consistait à pratiquer une incision, sorte de gravure à plat, qui se compliquait parfois d'une espèce de travail en modelé, une ciselure particulière. L'estampage ensuite s'appliqua à créer des objets décoratifs plus voulus et plus arrêtés. La reliure détermina plus tard une évolution vers l'art de composer des mosaïques de cuirs colorés et de dorures aux petits fers. Nous n'avons pas à nous en occuper. Il nous suffira de signaler, parmi les objets de cuir gravé ou estampé, les pièces très remarquables prêtées par MM. Thevalt et Ch. Gillot. Une grande boîte du musée de Clermont-Ferrand, couverte de sujets civils, très élégants, peut être considérée comme un chef-d'œuvre de cet art au XVe siècle.

## TAPISSERIES

Quand le Petit Palais fut livré à l'administration des Beaux-Arts, on dut se préoccuper tout d'abord de parer à la nudité des murs. Ils étaient d'une hauteur considérable, et menaçaient de tuer de leurs surfaces crues tout ce qu'on tenterait d'exposer à hauteur d'homme. C'est en cette occurrence que le concours de la Direction des Cultes fut encore des plus précieux. Les cathédrales de France possèdent des séries de tapisseries merveilleuses que l'on tend à l'occasion de certaines fêtes religieuses, et qui sont en général très peu connues. Nulle occasion ne semblait plus propice pour les montrer. C'est ainsi qu'on a pu admirer la fine fleur des tentures gothiques, et que les deux expositions du Petit Palais et du Pavillon d'Espagne, se complétant l'une par l'autre, ont révélé une fois de plus une des formes d'art décoratif les plus surprenantes que le monde ait connues.

Bien qu'elles ne fussent pas d'origine française, il était important (et ici l'intérêt archéologique se trouvait en étroit accord avec l'intérêt artistique) de faire venir le plus grand nombre possible de ces étoffes orientales du haut moyen âge, que l'Église avait transformées à son usage, en suaires, en enveloppes de reliques, en chasubles ou en étoles. Ces étoffes sont en général d'une composition décorative tout à fait étonnante, et semblent selon toute vraisemblance provenir d'Orient, qu'elles soient d'époque sassanide ou byzantine. De dispositions rigoureusement symétriques, elles offrent des représentations stylisées de bêtes fantastiques, des capricornes, des basilics, des lions ailés à têtes d'oiseaux, des griffons. Le trésor de Sens en possède une série inestimable, et quelques-unes des plus belles ont pu être exposées. Celles des églises de Chinon et de Saint-Rambert (Loire) ne leur cèdent nullement en intérêt.

Quelle que soit l'opinion que l'on ait sur les origines de l'art de la tapisserie, et sur l'époque à laquelle on commença à fabriquer en France des tentures de haute lisse, il n'en est pas moins vrai que les monuments de ce genre datant du XIIIe siècle nous font complètement défaut, et que seuls les textes nous ont laissé le souvenir des pièces de cette époque.

On a beaucoup discuté sur la question de priorité des ateliers flamands sur les français et de ceux de Paris sur ceux d'Arras. Il est certain que les documents écrits signalent Arras comme un foyer de fabrication des plus actifs au XIVᵉ siècle. Il put y avoir un déplacement d'influence à la fin du siècle, avec l'essor que le roi de France Charles V imprima à tous les arts. Celui de la tapisserie ne fut pas un des moins favorisés, à en juger par les détails de l'inventaire du mobilier du roy, que Labarte a publié.

Charles VI continua les traditions de son père, et commanda aux artistes qu'il employait des travaux considérables. L'un d'eux, Nicolas Bataille, citoyen de Paris, commença à faire parler de lui vers 1363, et vécut jusqu'en 1406. M. Guiffrey lui a consacré toute une monographie du plus haut intérêt. Il fournit au roi Charles VI

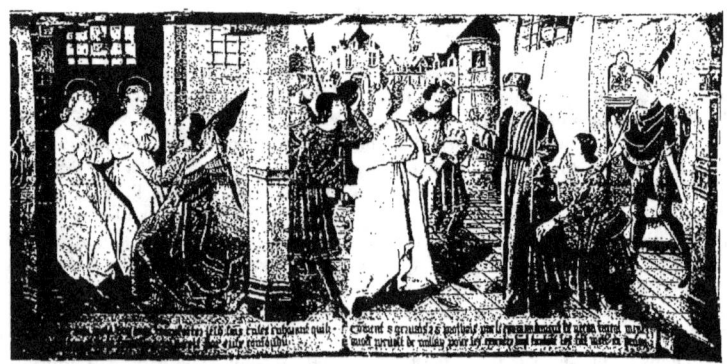
SUITE DE SAINT GERVAIS ET SAINT PROTAIS, TAPISSERIE DU COMMENCEMENT DU XVIᵉ SIÈCLE
(Cathédrale du Mans).

plus de deux cent cinquante tapisseries. Un des oncles du roi, Louis Iᵉʳ, duc d'Anjou, lui commanda en 1376 une suite demeurée célèbre, qui fut continuée par les soins d'Yolande d'Aragon et de René d'Anjou. C'est la tapisserie de l'*Apocalypse* destinée à la cathédrale d'Angers. Cette suite nous a fort heureusement été conservée presque entière. L'artiste qui fut chargé de l'exécution des cartons n'était autre que Hennequin ou Jean de Bruges, peintre attitré et valet de chambre de Charles V, auquel on doit l'enluminure merveilleuse de nombreux manuscrits. Il s'inspira d'ailleurs dans ces compositions d'un manuscrit que possédait le roi Charles V, et dont celui-ci avait bien voulu se dessaisir au profit de son frère Louis d'Anjou.

Chaque pièce était composée d'un grand personnage assis dans une niche gothique, lisant devant un pupitre qui porte l'Apocalypse, et de deux séries de sept tableaux superposés, l'un à fond bleu, l'autre à fond rouge. Entre les deux séries de tableaux régnait une bande brune portant en lettres gothiques les versets correspondant à chaque scène de la rangée supérieure, disposition qui se répétait sous la rangée inférieure. Dans le haut de chaque pièce le ciel semé d'étoiles était peuplé d'anges chanteurs et musiciens. Dans le bas, la terre verdoyait, couverte de fleurs, égayée de petits animaux. C'était quelque chose d'austère et de grave que traversait un sourire de grâce et de naïveté; et tout le moyen âge était inclus en cette œuvre admirable.

Deux fragments ont été prêtés à la Rétrospective par la cathédrale d'Angers, et permettent de se faire une idée de ce qu'était cette œuvre prodigieuse, quand on en connaît l'ordonnance générale. La figure du grand vieillard dont la méditation se concentre sur les paroles éternelles est d'une grandeur et d'une austérité telles qu'on les rencontre dans les figures du grand miniaturiste André Beauneveu. Le ton des tapisseries est demeuré très frais, elles sont d'une tonalité très douce où les blancs et les roses se fondent en une harmonie caressante à la vue.

C'est là une œuvre bien française, mieux encore, bien de l'Ile-de-France, berceau de la monarchie, centre et foyer d'art admirable durant tout le XIV<sup>e</sup> siècle. Mais déjà à ce moment les provinces flamandes luttaient d'activité avec les provinces françaises, et le mariage du duc de Bourgogne, Philippe le Hardi, allait imprimer un essor extraordinaire aux ateliers de haute lisse d'Arras. Les écrits du temps mentionnent sans cesse « l'œuvre d'Arras, le fin fil d'Arras » ; les *Arazzi* jouissaient par delà les monts d'une vogue incroyable. Le goût de l'époque et des traditions communes nous font supposer qu'il devait y avoir peu de différences dans les représentations des deux genres de tapisseries, flamandes et françaises, et c'est ce qui rend assez difficile les attributions à l'un ou à l'autre de ces deux centres. Les sujets sont pris dans l'histoire sainte, dans les romans de chevalerie, dans l'histoire contemporaine et dans l'allégorie. Le XV<sup>e</sup> siècle fut vraiment un moment unique pour cet art admirable, et les séries de tapisseries du XV<sup>e</sup> et du XVI<sup>e</sup> siècle qui ont été réunies au Petit Palais demeureront sans doute un des souvenirs les plus vivaces qu'on gardera de l'Exposition.

Deux pièces de la tenture du « Fort roi Clovis », de la cathédrale de Reims, sans être d'une couleur agréable, sont d'un beau caractère. L'une d'elles, dans un désordre indescriptible de chevaux et de cavaliers, nous conte sans doute la défaite du roi Gondebaut de Bourgogne. Une tapisserie de l'église Notre-Dame de Nantilly à Saumur, et une autre appartenant à M. Weighe, représentent la prise de Jérusalem par Titus, et la prise et le sac d'une ville: cette dernière, d'une tonalité sourde et triste, est d'un grand intérêt par les costumes et les scènes naïvement cruelles qu'elle représente.

Tout autre et d'un charme pur et familier est la suite de la légende de saint Gervais et saint Protais à la cathédrale du Mans, dont deux pièces nous sont venues, ainsi que la délicieuse frise de la légende de la Vierge de Notre-Dame de Beaune. Dans cette dernière apparaît déjà ce goût pour les fleurettes et les oiseaux dont le semis sera la gaîté de tant de tapisseries du XV<sup>e</sup> siècle. Nous retrouvons cette exquise passion pour les choses de la nature dans la belle frise de la cathédrale d'Aix, dans une délicieuse petite tapisserie à fleurettes portant au centre un écusson soutenu par deux anges de la cathédrale de Troyes, dans la merveilleuse pièce, dite des instruments de la Passion, à la cathédrale d'Angers. Ce goût s'étendra aux tapisseries de sujets civils et aux pastorales : les deux tapisseries de la collection Albert Bossy sont des merveilles du genre ; dans l'une un joueur de musette et une femme, dans l'autre un berger et une bergère apparaissent sur un fond où éclatent les milles fleurettes de nos prés et de nos bois, cependant que des oiseaux et des moutons s'y prélassent.

Il faut mettre tout à fait à part une tapisserie infiniment curieuse, et dont le caractère est unique : c'est le *Bal des sauvages* appartenant à l'église Notre-Dame de Nantilly de Saumur. Elle était inconnue jusqu'à ces dernières années, jusqu'au jour où retrouvée en fâcheux état dans un coffre de la sacristie, elle fut envoyée à la manufacture des Gobelins, et y fut remarquablement restaurée. C'est un document inestimable sur les modes de l'époque, sur les grands hennins et les souliers à la poulaine ; la note caricaturale n'y fait pas défaut, avec ces danseurs vêtus de peaux de bêtes, et au dernier plan cet orchestre où d'étonnants et comiques musiciens mènent la danse.

Il faut enfin se réjouir de la venue à Paris de la célèbre tapisserie du trésor de Sens, dite *des trois couronnements*. C'est la perle des tapisseries gothiques, et nulle tapisserie connue n'offre une si subtile exécution, une si surprenante préciosité de matière. D'un tissu très serré et très fin, rehaussé de fils d'or et d'argent, elle offre de plus, par ses figures et par la beauté de la composition, un intérêt de premier ordre. Les visages y sont exprimés avec la même certitude et la même énergie que dans un tableau ; leur caractère est celui des œuvres flamandes de l'époque, de Dirks Bouts en particulier, et si cette admirable tapisserie n'est pas née en Flandre, elle dénote le style d'un art que les ducs de Bourgogne avaient importé avec leur alliance dans leurs provinces françaises. Ne quittons pas cette merveilleuse époque du xv$^e$ siècle sans citer la belle tapisserie de la vie de la Vierge, de l'église de Nantilly, de Saumur, et la superbe pièce de l'*Apocalypse*, de la cathédrale de Narbonne.

Le xvi$^e$ siècle continua pendant assez longtemps les traditions du xv$^e$ et tout en étant d'un caractère un peu banal, des tapisseries telles que les deux pièces de la légende de saint Julien, à la cathédrale du Mans, ou les deux pièces de la légende de saint Rémy, à l'église du même nom à Reims, sont encore de remarquables décorations.

Mais bientôt l'intervention de Raphaël allait bouleverser l'art de la tapisserie, et la discussion pour savoir si ce fut en bien ou en mal se serait moins éternisée, si les deux camps avaient pu juger en même temps les tapisseries tout imprégnées de son génie, copiées sur ses cartons, telles que la suite des *Actes des Apôtres*, de la cathédrale de Beauvais, et les tapisseries du xv$^e$ siècle dont nous avons déjà parlé.

Citons encore une série de quatre tapisseries, dont les sujets sont tirés de la vie de saint Jean-Baptiste et qui proviennent du château de Pau, où se retrouve l'influence italienne ; elles ont un charme indéniable en même temps qu'une très grande finesse d'exécution.

Le xvii$^e$ siècle nous a laissé un nombre considérable de tapisseries devenues propriétés de l'État. Il n'y a donc eu qu'à puiser au Garde-meuble pour trouver la plus somptueuse parure aux salles du mobilier. S'il peut paraître contestable que des tapis de la Savonnerie soient dressés contre les murs, alors qu'ils étaient faits pour les planchers, il faut songer cependant aux obligations des expositions publiques. Dorénavant la manufacture des Gobelins va nous montrer les trésors par lesquels elle sut établir sa suprématie. L'année 1662 la vit fondée, et le grand roi, sans hésiter, en confia la direction à Le Brun. La salle Louis XIV présente deux pièces de l'histoire du roi, et l'on ne peut imaginer quelque chose de plus éblouissant et de plus joyeux que ces tentures où se trouvent racontés les plus remarquables sujets de l'histoire contemporaine ; la richesse des costumes et du mobilier, l'entente des groupements, la vérité des personnages qui sont des portraits, font de ces grandes compositions des pages d'histoire. C'est sans doute là leur défaut, et nous voici loin de la fantaisie et de la transformation décorative

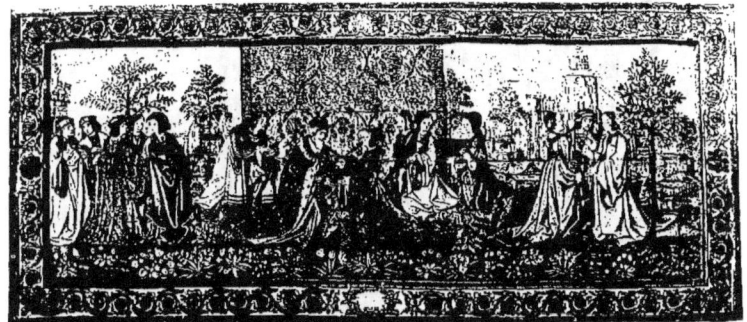

SUITE DE LA VIE DE SAINT JEAN-BAPTISTE, TAPISSERIE DU XVIᵉ SIÈCLE
(château de Pau).

qu'exige un art tel que la tapisserie. Mais à ce point de perfection, et quand on voit l'effet d'ensemble d'un appartement du XVIIᵉ siècle, on oublie les principes, et on se laisse aller à l'admiration.

Au XVIIIᵉ siècle, la tapisserie se plie avec une souplesse étonnante à l'art de l'époque, et au goût de la société nouvelle. Loin d'être un art particulier, ayant ses moyens d'expression et ses principes décoratifs intangibles, comme aux grandes époques, elle sera un agréable pastiche des peintures du temps : tantôt elle ne sera qu'un tableau, qui sera tissé au lieu d'être peint, tantôt elle se confondra avec les peintures décoratives des boiseries qu'elle accompagnera, et des décorateurs comme Gillot ou Bérain pourront indifféremment faire servir leurs compositions à l'une et à l'autre destination. Et la tapisserie trouve alors ses plus grands triomphes dans l'imitation la plus étroite et la plus servile de la peinture. Il est vrai que les procédés techniques étaient arrivés au summum de la perfection, et qu'il faut s'incliner devant de véritables prodiges de fabrication, finesse de tissage, délicatesse et

62 L'ART A L'EXPOSITION DE 1900

fraîcheur des tons. On ne peut rien imaginer de plus beau en ce sens que les deux pièces de la série du régent (*Daphnis et Chloé*) exécutées en 1718, et que celle de la série des dieux (*Bacchus et Cérès*) d'après Audran, prêtées toutes quatre par M. Lowengard. M. Schulz a prêté une superbe tenture d'après Boucher à fond bleu semé de fleurs de lys, décorée de deux anges tenant les armes de France, ainsi que deux pastorales d'après Audran. M. Chappey a exposé une grande pièce curieuse par son parti pris de coloration, et représentant une fête au château de Vaux, où tout un groupe au premier plan apparaît dans un éclairage artificiel rouge sombre du plus étrange effet. Les deux bandes à fond jaune, décorées

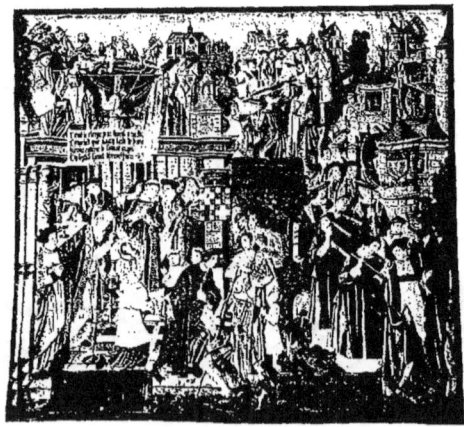

SUITE DITE DE SAINT-RÉMY, TAPISSERIE DU XVIe SIÈCLE.

de singeries d'après Bérain, prêtées par M. Victor Klotz, sont d'adorables morceaux.

Je ne parle pas des merveilles empruntées au Garde-meuble national pour décorer les deux grandes salles de pas-perdus à l'entrée du Petit Palais. Elles sont très connues, et ont toujours été la suprême ressource des organisateurs d'expositions.

## LE MOBILIER

Dans le plan d'organisation que M. Emile Molinier avait fait approuver, les pièces de mobilier, depuis le moyen âge jusqu'à la fin du XVIIIe siècle, devaient trouver place dans une série de salles concentriques à la cour intérieure du Petit Palais, et

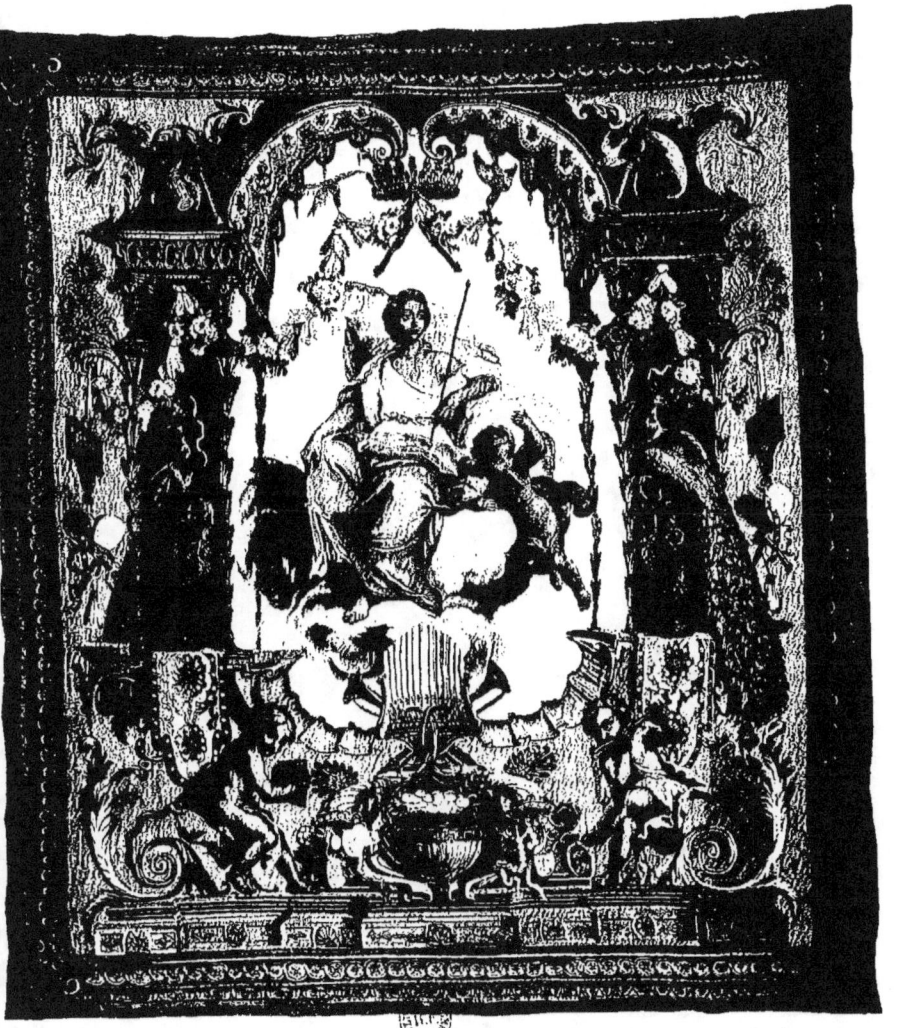

TAPISSERIE DE LA SÉRIE DES DIEUX, XVIII<sup>e</sup> SIÈCLE
(collection de M. Lowengard).

prenant jour par de grandes baies sur les jardins. Elles devaient concourir à former des ensembles reconstituant les diverses époques, et l'idée, à ce point de vue, était

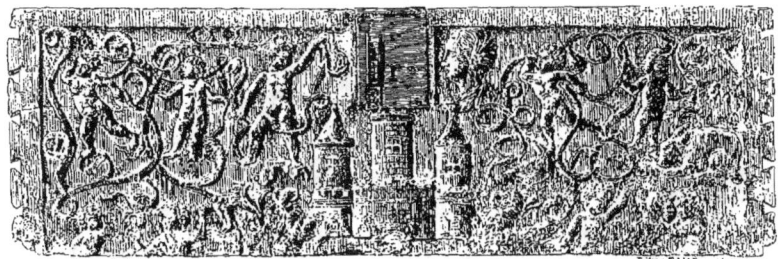

PANNEAU EN BOIS SCULPTÉ, XVIe SIÈCLE.

bien intéressante, qui consistait à enlever aux objets d'art ce caractère mort et inutile qu'ils revêtent dans un musée. Mais c'est à la réalisation que les difficultés devaient commencer : les locaux, comme toujours, ne s'adaptaient pas aux nécessités d'une semblable exposition ; il fallait tenir compte des petits objets de bois, qu'on ne pouvait laisser à portée des mains curieuses ou cupides, et qui réclamaient des vitrines : or c'est avec la vitrine que commence l'aspect musée. Enfin les meubles se font rares, sont très recherchés par l'étranger, et la réunion n'en était pas commode.

Quoi qu'il en soit, et sans se dissimuler ce qu'une exposition du mobilier français aurait dû et pu être dans d'autres conditions, on peut cependant, devant les exemplaires choisis, prendre conscience d'une des belles formes de notre art industriel.

Sans doute rien ne représente l'art du bois tel qu'il fut pratiqué avant le XIVe siècle, et, malheureusement, aucun des très rares monuments qui subsistent encore n'est venu, ni le pupitre de sainte Radegonde de Poitiers, ni l'armoire de l'église d'Obazine (Corrèze), ni celle de la cathédrale de Noyon aux vantaux recouverts d'une toile peinte. On n'a pu de même

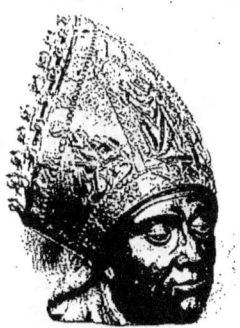

TÊTE D'ÉVÊQUE, BOIS DU COMMENCEMENT DU XVIe SIÈCLE
(collection de M. Jules Maciet).

rencontrer aucune de ces belles stalles d'église dont quelques ensembles remarquables existent encore, immeubles par destination. Les meubles de la période gothique, qu'ils soient du mobilier religieux ou du mobilier civil, se ramènent à deux types, le *coffre*, et l'*armoire*. Bahut, dressoir, crédence, tout cela est bien un peu la même chose; et nous allons rencontrer bientôt ce type de meubles très fréquent avec la Renaissance ; ils sont relativement peu nombreux pour la fin de

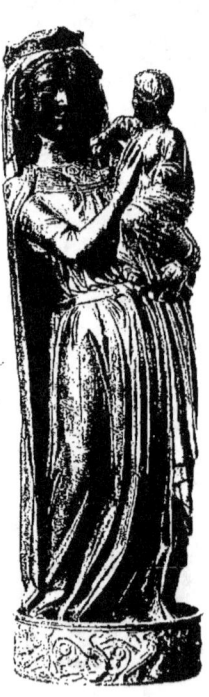

Vierge, bois, XIV° siècle.
(collection de M. le comte Chandon de Briailles).

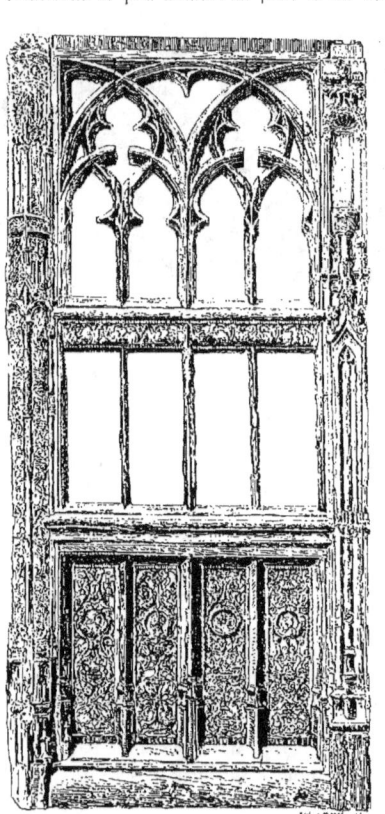

Porte en bois, Renaissance
(musée de Bourges).

l'époque gothique. Les coffres, ou du moins leurs fragments, sont un peu moins exceptionnels, et grâce à la bonne volonté de M. Boy, de Versailles, l'exposition rétrospective a pu en présenter un certain nombre, qui sont tout à fait remarquables, les uns en noyer, les autres en chêne. Ils sont décorés de figures en bas-relief dans des décorations architectoniques.

Dès le milieu du xiii<sup>e</sup> siècle, le bois sculpté était devenu fort en vogue dans les

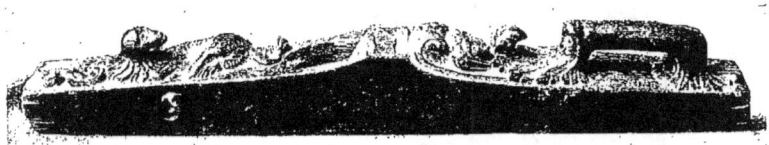

VAULOPE, XV<sup>e</sup> SIÈCLE
(collection de M. Mobb).

différents pays de l'Europe, et les sculpteurs avaient su en tirer un parti merveilleux. Des statues, même de grandes proportions, étaient taillées dans des pièces de chêne

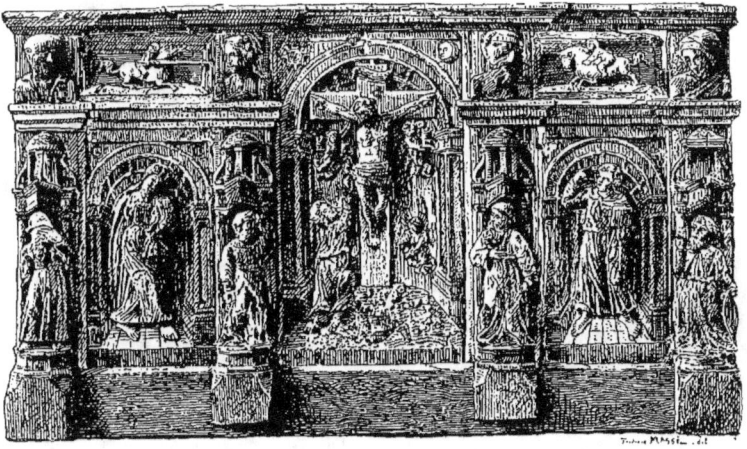

PANNEAU EN BOIS SCULPTÉ, XVI<sup>e</sup> SIÈCLE
collection de M. Boy.

dont la dureté se prêtait parfaitement à ce travail. — Les plus anciennes sculptures de bois que la Rétrospective ait pu montrer sont de la fin du xiii<sup>e</sup> ou du commencement du xiv<sup>e</sup> siècle. Telles la belle vierge de M. Albert Bossy, celle de M. Maignan, la vierge assise et couronnée de la collection Boy, qui a conservé toute sa polychromie, et la statuette d'évêque en bois peint, de la cathédrale d'Angers, ou la vierge en bois de chêne, de la collection de M. Corroyer.

C'est avec les XIV° et XV° siècles que cet art de la sculpture de bois prit un merveilleux essor ; les comptes et inventaires royaux nous font connaître les travaux que les princes faisaient exécuter eux-mêmes, et l'on sait que les ducs de Bourgogne attirèrent près d'eux de nombreux artistes flamands auxquels ils commandaient des retables ou tableaux d'autel.

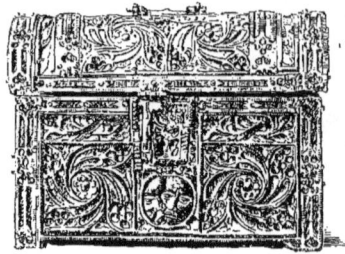

COFFRET EN BOIS, XV° SIÈCLE
(collection de M. Salting).

Le nombre des fragments qui ont subsisté de ces grands ensembles est très considérable, et les grands

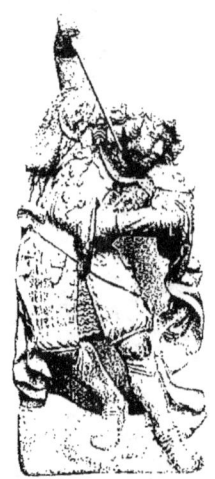

SAINT MICHEL, BOIS DU COMMENCEMENT DU XVI° SIÈCLE
(collection de M. Moreau-Nélaton)

JUGE RENDANT LA JUSTICE, BOIS DU COMMENCEMENT DU XVI° SIÈCLE
(musée de Compiègne).

musées d'Europe, Kensington ou Cluny, les musées allemands, Munich, Nuremberg, en possèdent des séries nombreuses. On n'avait dans les collections parisiennes que l'embarras du choix pour les XV° et XVI° siècles ; on en a pu réunir de tout à fait charmants, comme cet *Évanouissement de la Vierge*, de la collection de M. Charles Gillot, l'*Annonciation*, de la collection de M. Corroyer, le *Jugement*, du musée de Compiègne, les deux groupes de la collection de

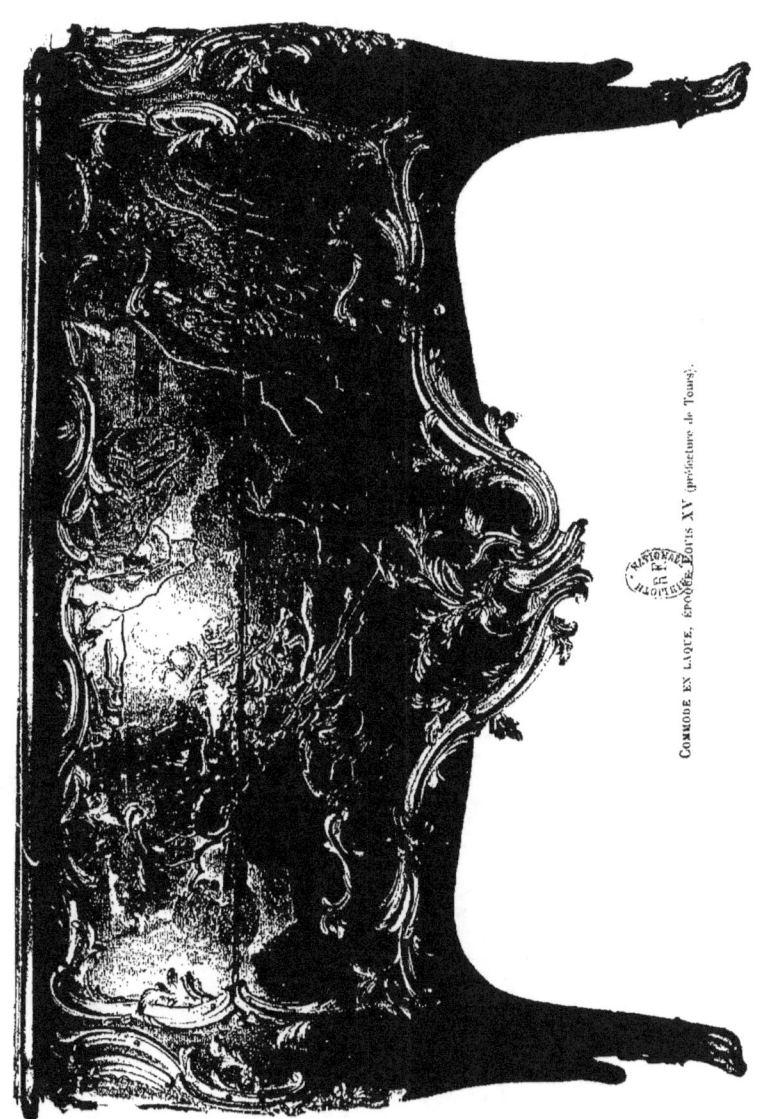

COMMODE EN LAQUE, ÉPOQUE LOUIS XV (préfecture de Tours).

M. Ch. André, la *Mise au Tombeau* et *La Vierge et sainte Marthe*; et cette *Présentation au temple*, si curieuse, qui doit provenir de la région champenoise. Quelques personnages isolés, des figures de saints et de saintes à M. Moreau-Nélaton, ne sont pas non plus sans présenter de l'intérêt. Il faut tirer hors de pair la *Sainte Marthe*,

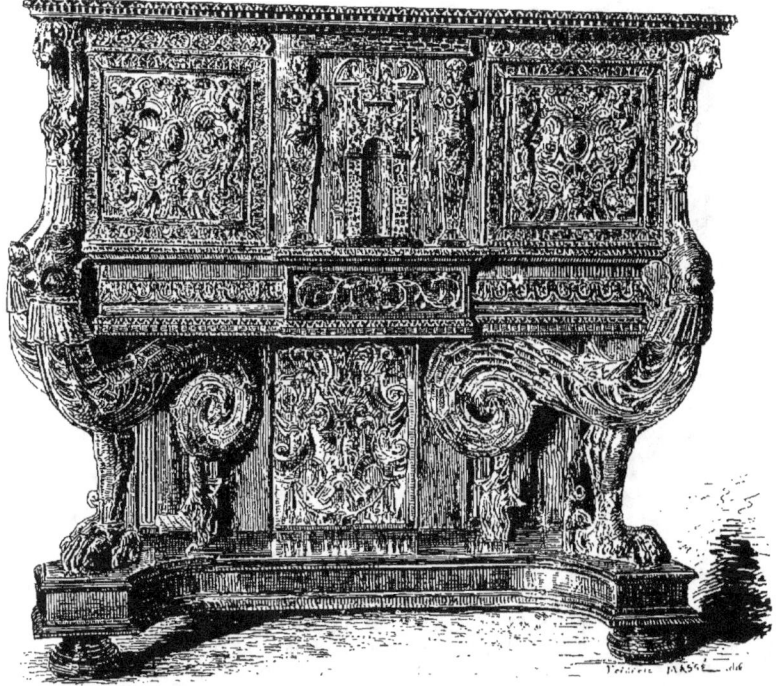

Meuble lyonnais du XVIe siècle, collection de M. Chabrière-Arlès.

du musée de Château-Gontier, et surtout une petite figure de sainte femme, provenant assurément d'un retable et qui devait faire partie d'un ensemble d'un art achevé. Elle appartient à la collection de M. Chabrière-Arlès. Debout, les mains croisées et abaissées, elle est en proie à une douleur concentrée, qu'indiquent le raidissement de tout son corps et la contraction de son visage. Longue, mince et élégante, elle est vêtue à la mode de la fin du XVe siècle, et tous les détails de son costume contribuent à nous captiver. De plus le bois a conservé complète sa riche polychromie.

Cette figure est un des petits monuments de bois les plus complets et les plus curieux que nous ayons conservés du xv° siècle.

Un petit buste de femme, lui aussi, d'une excellente polychromie, mérite d'être admiré ; il appartient à M. Mohl. C'est un objet précieux et raffiné.

Quand on arrive au xvi° siècle, on voit les meubles se couvrir de bas-reliefs et même de figures de haut-relief empreintes de toute la pureté de dessin de la belle époque de la Renaissance. Quand des dispositions architecturales leur servent d'encadrement.

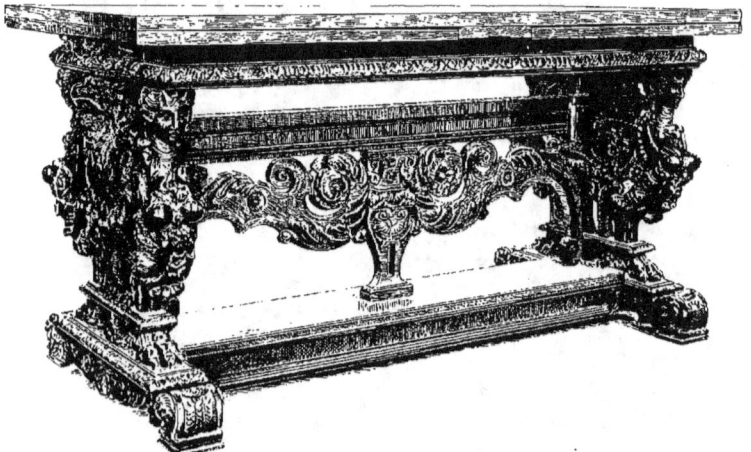

TABLE, ÉPOQUE DE LA RENAISSANCE (musée de Dijon).

elles dérivent de l'architecture d'alors. Mais souvent aussi, avec cette manie du luxe, et ce désir de faire montre de leur habileté, les ouvriers du meuble tombèrent dans toutes sortes d'exagérations. Les ornements furent prodigués sans mesure, les mascarons, les gaines, les figures hybrides, les arabesques chargent la pièce qu'il s'agissait de décorer ; il ne reste plus de place aux surfaces pleines pour le simple effet d'un beau profil ou d'une belle ligne.

M. Edmond Bonnaffé a tenté un classement géographique des meubles de la Renaissance, sans tenir, il me semble, assez compte du caractère nomade des ouvriers d'art de cette époque, ni de l'influence à laquelle la sculpture monumentale les soumit, et qui est manifeste dans des meubles trouvés souvent à de grandes distances de leurs prototypes monumentaux. Il paraît bien difficile d'opérer un classement rigoureux d'objets aussi mobiles, créés souvent bien loin des lieux où on les rencontre. M. Emile Molinier, dans son livre sur le meuble, a établi d'une façon plus rationnelle, paraît-t-il, pour les meubles français de la Renaissance deux grandes

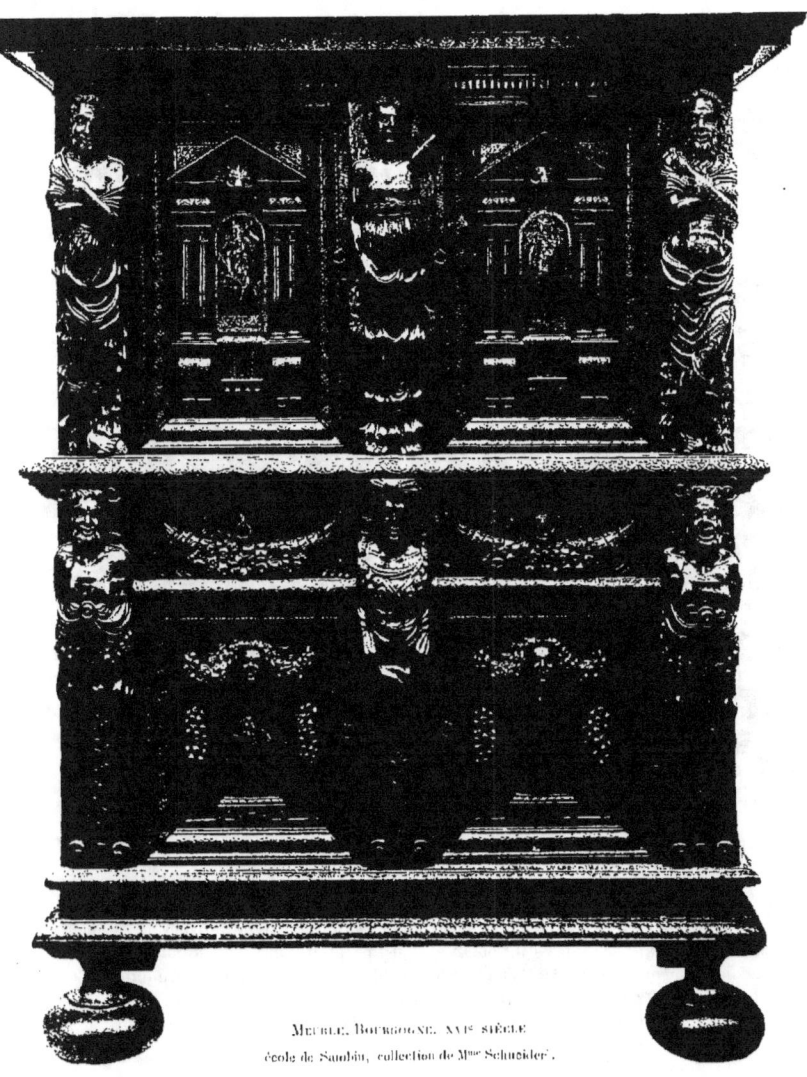

MEUBLE. BOURGOGNE. XVIᵉ SIÈCLE
école de Sambin, collection de Mᵐᵉ Schneider.

périodes, la première comprenant les règnes de Louis XII et de François Ier, et offrant des formes du moyen âge à décor encore gothique ; la seconde où, sous l'influence des graveurs et des architectes, les huchiers tendent à reproduire des monuments d'ar-

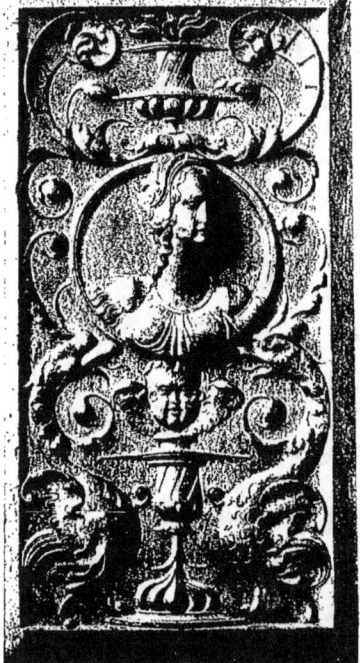
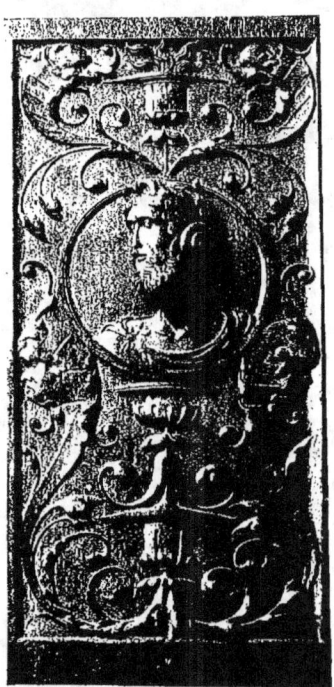

Panneaux sculptés, époque de François Ier
collection de sir J.-F. Taylor.

chitecture classique, mais en les interprétant librement et en en tirant des conceptions et des formes personnelles.

De la première classe, la Rétrospective ne peut montrer que peu de types, les principaux étant les portes du palais de justice de Dijon, et celles de Bourges. La seconde série comprendrait au contraire les deux remarquables meubles de la collection de Mme la marquise Arconati Visconti, et de la collection de M. Chabrière-Arlès, qui peuvent être considérés comme deux spécimens parfaits en leur genre.

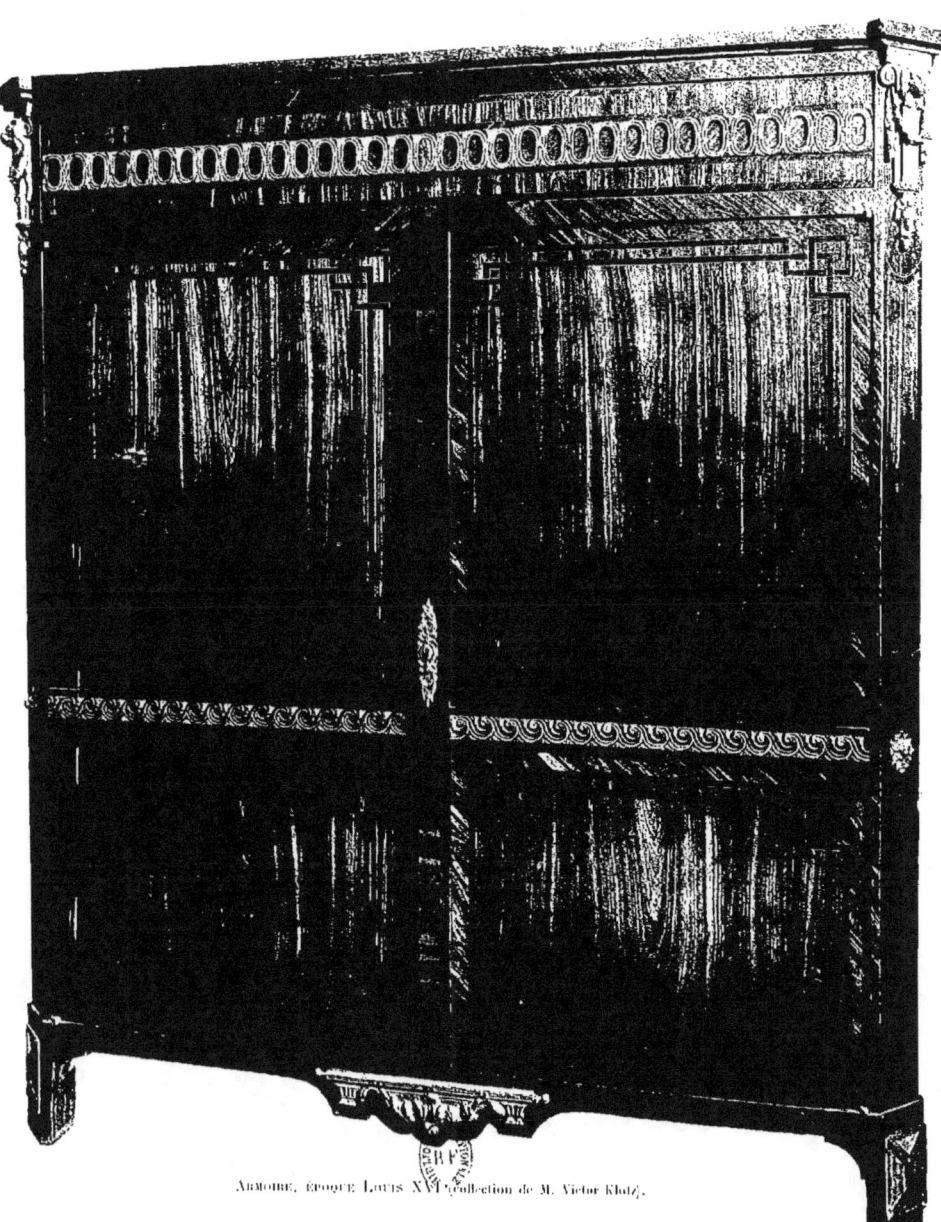

ARMOIRE, ÉPOQUE LOUIS XVI (collection de M. Victor Klotz).

Maintes fois a été tracée la biographie de Mr Hugues Sambin, menuisier de Dijon. Il a laissé un recueil de gravures où se retrouvent tous les éléments mis en œuvre par lui dans de nombreux meubles qui lui sont authentiquement attribués. L'un d'eux est au Petit Palais, c'est la porte du *scrin* du palais de justice de Dijon, œuvre d'une composition charmante et claire, seulement un peu surchargée dans la partie supérieure, et qui dut être exécutée en 1583. En la rapprochant de la fameuse table du musée de Besançon, on peut considérer hardiment comme étant du style de Sambin, sans prétendre d'ailleurs qu'elle soit son œuvre, une belle table de la même époque prêtée par le musée de Dijon.

Quant au meuble de la marquise Arconati Visconti, c'est une des œuvres les plus caractéristiques du style d'Hugues Sambin. Cette armoire à deux vantaux est décorée à sa partie antérieure de trois cariatides, deux hommes et une femme, vêtus de draperies, et reposant sur des gaines recouvertes de guirlandes, de feuillages et de fruits. Les vantaux sont décorés en haut relief de deux figures de Vénus et de Mars, à la partie supérieure ; et à la partie inférieure de deux panneaux peints, représentant la création de l'homme et Caïn et Abel. Ce qui est tout à fait extraordinaire dans ce meuble, c'est sa décoration polychrome très bien conservée : non pas que le tout soit d'un goût sûr et parfait, mais il en est peu qui soient aussi complètement représentatifs d'une époque.

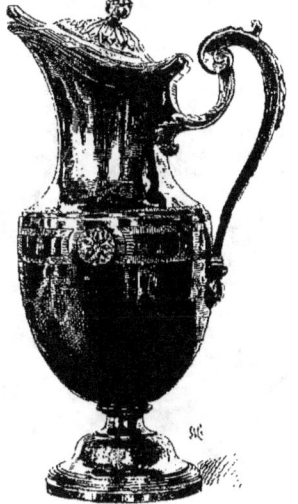

POT A LAIT LOUIS XVI
collection de Mme Grandjean.

En pendant avec lui se trouve un dressoir de la collection de M. Chabrière-Arlès, dont la richesse un peu excessive et la manière contournée sont bien significatives de cette école lyonnaise qui fut si féconde, et dont on connaît encore un grand nombre de meubles. Les grandes chimères qui servent de supports aux angles, sont des motifs italiens, qu'on retrouve fréquemment alors. Beaucoup plus simple et plus pur est un petit dressoir, de proportions et de lignes qui rappellent Ducerceau, et qui appartient à Mme la marquise Arconati Visconti.

Le lit, ayant appartenu à Antoine de Lorraine, que possède le musée de Nancy, est le type des lits à quatre pièces réunies à angle droit, avec quatre piliers supportant le ciel. On ne peut enfin rencontrer pour le XVIe siècle de plus belle chaire et de plus belle table que celles qu'a bien voulu prêter M. Chabrière-Arlès.

Il n'y a pas lieu de s'arrêter longtemps aux meubles du commencement du XVIIe siècle, à ces cabinets de bois d'ébène dont les artistes français avaient étudié la fabrication dans les Pays-Bas, et dont la Rétrospective présente deux spécimens intéressants. A vrai dire, les règnes d'Henri IV et de Louis XIII (ce dernier surtout à son début) ne furent pour l'art français que des époques de transition. L'artiste se préparait qui pendant tout le règne de Louis XIV allait retenir l'attention. C'était Charles Boulle.

Sans doute, il ne fut pas l'inventeur de ce système d'ornementation du meuble par la marqueterie de cuivre, d'étain et d'écaille, qui est vraisemblablement d'origine italienne. Mais il en tira le plus puissant parti décoratif, en même temps qu'il fut un étonnant exécutant de bronzes, et sut donner à toutes ses œuvres ce caractère large et grandiose bien particulier aux meubles de cette époque. La salle Louis XIV au Petit Palais a pu grouper quelques-uns des plus remarquables meubles de Boulle

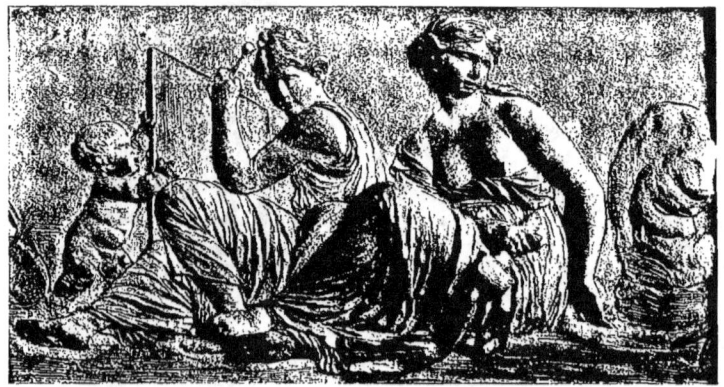

La Peinture et la Sculpture, bas-relief de Clodion, XVIII<sup>e</sup> siècle
musée de Cherbourg.

ou de ses élèves, une des commodes de la bibliothèque Mazarine, décrites dans l'inventaire de M. de Fontanieu, qui décoraient la chambre à coucher de Louis XIV à Versailles, un très beau bureau incrusté de cuivre sur écaille du palais de Fontainebleau, un autre non moins beau, de la collection de M. Bernard Franck, et enfin la célèbre horloge monumentale à gaine, du palais de Fontainebleau, dont le cadran est porté par le char d'Apollon en bronze doré surmontant la caisse. M. de Champeaux a émis l'idée que ce groupe en bronze pourrait bien provenir d'un des cabinets créés par Domenico Cucci pour la décoration de la galerie d'Apollon.

Le mobilier français sous Louis XIV avait été ce qu'il devait être, pompeux et riche de couleur. Les artistes de la Régence cherchèrent à le ramener à un peu plus de discrétion et de mesure. Charles Cressent, ébéniste de M<sup>gr</sup> le duc d'Orléans, Régent de France, fut un des premiers à réagir, et à apporter à l'art du mobilier plus de mesure et de goût. Il était sculpteur, et cette pratique de l'art entre pour beaucoup dans le style par lequel il se recommande à nous. Son œuvre nous est connue par les trois catalogues de vente qu'il fit de ses meubles en 1749, 1757, 1765, et par l'inventaire dressé à sa mort. Les deux armoires que M. Chappey a bien voulu prêter sont décrites tout au long dans l'un d'eux ; elles nous donnent, avec le médaillier de la Bibliothèque nationale, une juste idée de ce qu'est son art. Les ornements de cuivre

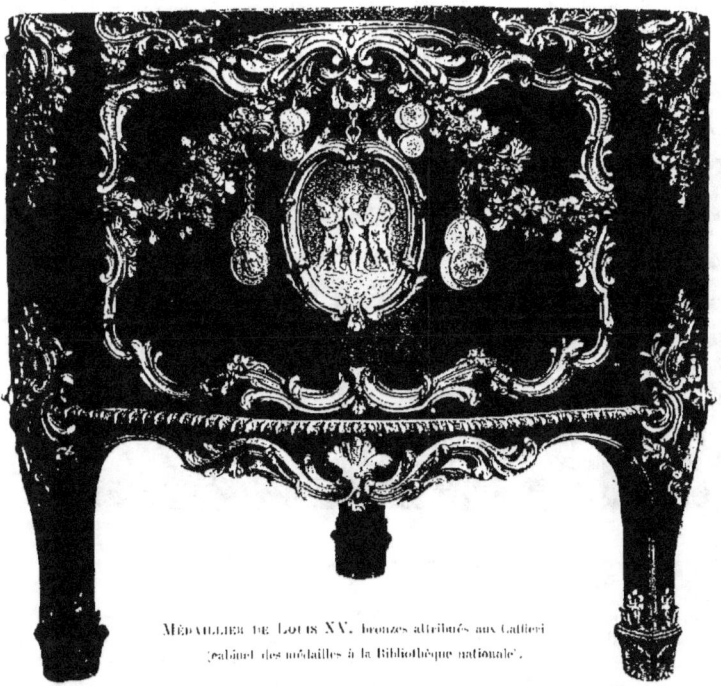

Médaillier de Louis XV, bronzes attribués aux Caffieri
(cabinet des médailles à la Bibliothèque nationale).

y tiennent une place importante, et l'ébénisterie est destinée avant tout à en faire ressortir la richesse et l'élégance. Cressent attachait à ses bronzes une très grande importance ; il ne manque jamais, dans ses catalogues, d'en parler de façon toute particulière. Le médaillier de la Bibliothèque nationale, en bois d'amarante et en forme d'armoire à deux corps, a chacun de ses panneaux décoré d'un cadre ciselé et doré. Au sommet une terrasse supportait le buste du fils du Régent, qui appartient à la bibliothèque Sainte-Geneviève ; l'Exposition a rendu possible leur réunion.

On sait la vogue qu'eurent, dès le règne de Louis XIV, les laques de provenance orientale ; le succès fut si vif qu'on tenta de les imiter : la fabrication de ce vernis pseudo-chinois fut le secret de Robert Martin et de ses fils. Au début du règne de Louis XV, on aima beaucoup un genre de commodes bombées portées sur des pieds grêles et dont les plus grandes étaient décorées de paysages chinois laqués. Citons comme de bons spécimens une belle commode appartenant à la préfecture de Tours, et celle de l'évêché du Mans.

L'exemple de pondération et de logique que Cressent avait apporté à un haut degré dans le meuble ne devait pas être suivi. Juste-Aurèle Meissonnier allait exercer sur les orfèvres, puis sur les ébénistes une influence néfaste. Il oubliait trop cette loi essentielle,

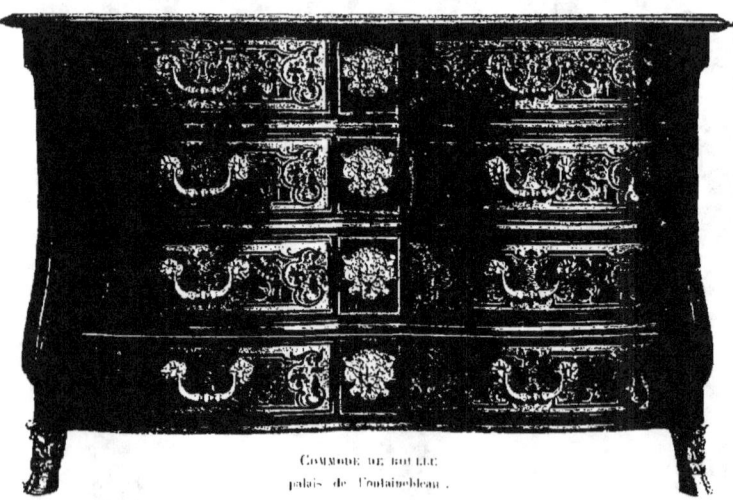

Commode de Boulle
palais de Fontainebleau.

la destination de l'objet, et que la fonction du meuble demeure la loi de sa forme et même de son décor. Des dessinateurs comme Holz et Pineau allaient contribuer aussi, tout en portant leur art aux dernières limites de la délicatesse, à le faire dévier des justes directions qu'il avait eues jusqu'alors. Le médaillier et les encoignures Louis XV (aujourd'hui à la Bibliothèque nationale) qui proviennent des petits appartements de Versailles donnent l'idée de ce style charmant, mais déjà déréglé. Deux consoles en bois sculpté et doré, du musée de Narbonne et du palais de Fontainebleau, permettent d'en juger.

Pour cette période correspondant à la jeunesse de Louis XV, quelques noms d'artistes sont à retenir. Jean-Pierre Lathuile a laissé signée de son nom une remarquable commode de marqueterie d'amarante, de violette et de rose, d'une grâce robuste, et Jacques Dautriche une autre enrichie de bronzes d'une belle ciselure. Le Garde-meuble national les a prêtées toutes deux à la Rétrospective.

Le grand traducteur des dessins de Meissonnier fut alors Jacques Caffieri, auquel

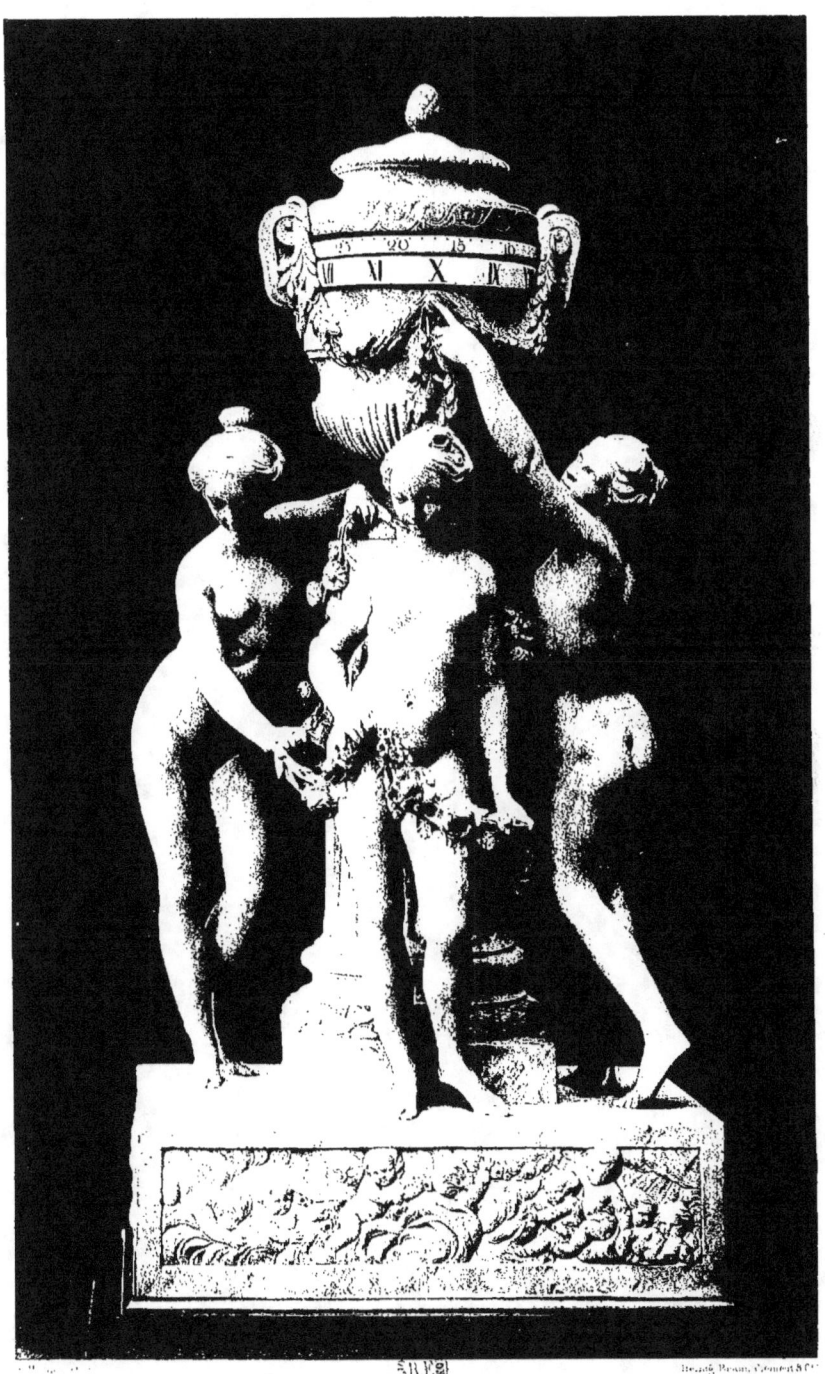

succéda son fils Philippe. On a discuté sur ce que pouvait être leur œuvre dans les médailliers de Louis XV dont nous avons parlé plus haut, et on serait assez tenté de croire les Caffieri auteurs des bronzes qui les décorent. Pendant toute cette période, ce qui caractérisa le meuble, c'est la prédominance des courbes, la suppression presque absolue de la surface plane, et le caprice d'une ornementation où la ciselure fut poussée aux limites les plus extrêmes de la finesse. C'est avec M<sup>me</sup> de Pompadour qu'on semble être revenu à une recherche un peu plus sage des formes calmes et de la simplicité, et l'artiste qui contribua le plus à ménager cette transition fut Œben, que la favorite avait pris sous sa protection. Louis XV avait consenti à lui concéder un logement aux Gobelins, puis à l'Arsenal. Nous savons qu'il était élève de Boulle ou d'un de ses fils ; et il apparaît dans les vieux textes comme un marqueteur habile, un maître expert à employer les bois de provenance exotique. On sait sa part de collaboration dans le fameux bureau de Louis XV, aujourd'hui au musée du Louvre, qu'acheva Riesener. Il ne semblerait pas impossible qu'en dehors du secrétaire de sycomore du Garde-meuble, qui porte son estampille, deux autres œuvres puissent ici être attribuées à Œben ; ce sont deux meubles-armoires de petite dimension, l'un à M. Scott, l'autre à M. Victor Klotz. Et c'est dans ces meubles, plutôt modestes, mais d'une technique si accomplie, d'un goût si parfait, qu'il faut surtout l'admirer.

Quand Louis XV disparut, la coquetterie de l'ornement régnait dans tous les arts du luxe. Œben venait de mourir. Mais dès l'avénement de Marie-Antoinette un de ses collaborateurs allait passer au premier plan et se distinguer par des travaux qui ont rendu son nom éternellement célèbre dans les annales de l'ébénisterie. Il fut obligé d'avoir deux manières, puisqu'il avait commencé avec Louis XV, et qu'il dut terminer beaucoup de travaux qu'Œben avait entrepris et laissés en cours d'exécution. Mais Riesener se rendit compte sans doute qu'Œben avait trop cherché la complication des formes, et qu'il fallait un idéal plus simple. Il devint vite l'un des promoteurs de ce mouvement de renaissance pseudoantique dont Vien en peinture était l'apôtre, mouvement auquel le nom de Marie-Antoinette dans l'ameublement demeure attaché. Le bureau plat du Garde-meuble, le superbe bureau de Louis XVI, obligeamment prêté par MM. Lowengard, la com-

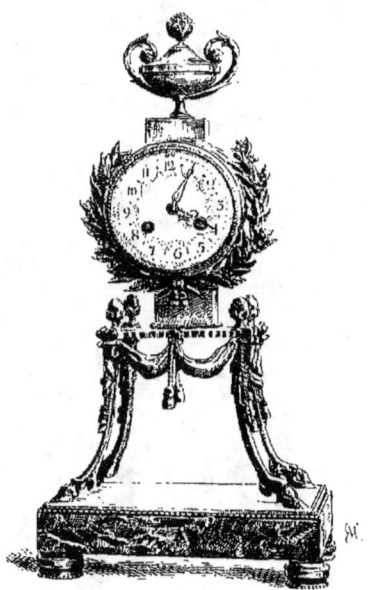

PETITE PENDULE LOUIS XVI
collection de M. Vial.

mode en bois de rose de M<sup>me</sup> Malvina Bruch, témoignent hautement de l'habile conception que ce grand artiste avait de la décoration du meuble; il s'adressa d'ailleurs presque toujours au grand ciseleur Gouthière et aux ouvriers de son groupe. On ne peut pas, je pense, rêver meuble plus charmant, mieux pondéré et plus simple que le secrétaire en bois de citronnier de la collection de M. Scott, sans que j'y veuille mettre cependant le moins du monde le nom de Riesener.

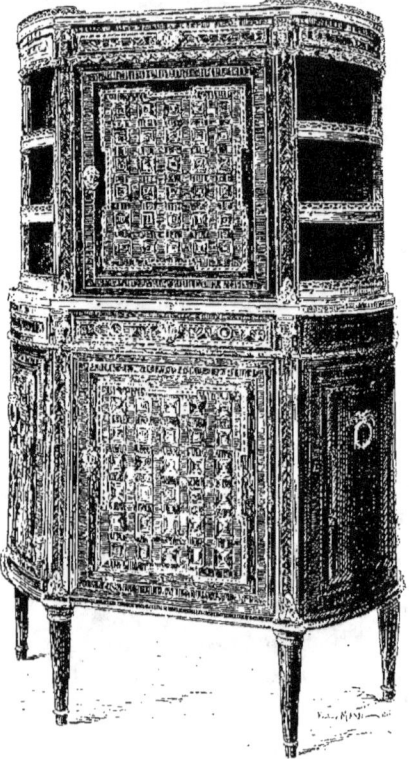

SECRÉTAIRE LOUIS XVI
collection de M. Victor Klotz

Mais autour de Marie-Antoinette, les noms d'ébénistes apparaissent nombreux, et que de talents se produisirent alors : Carlin, François Leleu, Saunier, puis des étrangers, Weisweiller, Rontgen, Bennemann, dont la commode en acajou, du palais de Fontainebleau, décorée d'un trophée de bronze, est vraiment admirable! L'un d'eux ne nous a laissé qu'un meuble, qui est célèbre, et que l'on peut juger au petit palais : c'est l'armoire à bijoux de Marie-Antoinette. Schwerdfeger, auquel on venait d'accorder le brevet de maîtrise, dut la terminer en 1787. Ce meuble rectangulaire est d'une froideur extrême : c'est la fin d'un art qui allait faire place au mobilier rectiligne et compassé du Directoire et de l'Empire.

Les meubles n'auraient pas suffi à donner de cette admirable époque du XVIII<sup>e</sup> siècle l'idée totale qu'on en doit avoir, si on s'était dispensé de montrer tous ces objets mobiliers où les ciseleurs et les orfèvres ont prodigué les trésors de leur fantaisie et de leur adresse. Il faut déplorer à tout jamais la fatale décision que prenait le 3 décembre 1689 Louis XIV, de faire envoyer à la Monnaie toute l'argenterie qui servait sur ses tables, et les déclarations par lesquelles il invitait ses sujets à imiter son exemple. De pareilles mesures ont privé la France d'œuvres admirables. Un très petit nombre ont survécu : les surtouts d'argent prêtés par M. Stein sont de ce fait des objets tout à fait rares.

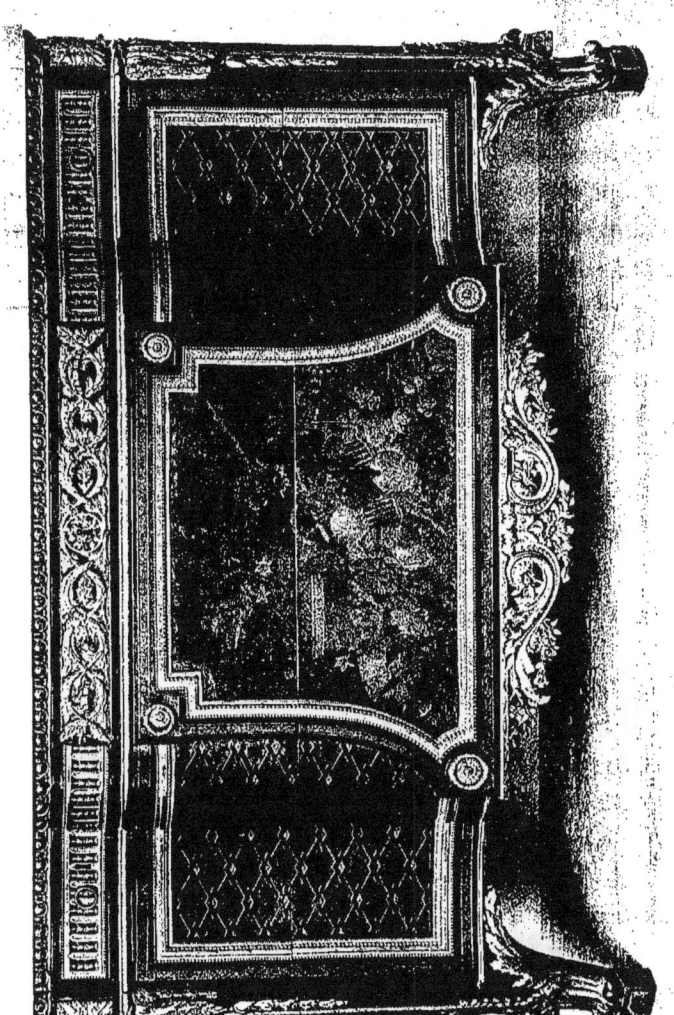

Commode de Riesener, palais de Fontainebleau.

L'orfèvrerie allait reprendre un nouvel essor avec le jeune roi Louis XV, entouré d'artistes comme Claude Ballin et Nicolas Germain; ce dernier sut toujours conserver une sage raison, et une sobriété de bon goût dans des travaux où la mode d'alors réclamait une fantaisie un peu libre. On peut du moins juger de son art dans un très beau miroir appartenant à M<sup>me</sup> Schneider, et dans une soupière avec son plateau, signée et datée des Galeries du Louvre 1775, qui fait partie des collections de M. le comte d'Haussonville.

Contemporain de Germain est aussi ce Jacques Rettiers, dont la vie se prolongea jusqu'à la fin du siècle, et dont Germain a publié de nombreuses pièces dans son cahier d'éléments d'orfèvrerie. On lui attribue la monture en or d'une admirable buire en onyx que M<sup>me</sup> la baronne Nathaniel de Rothschild avait bien voulu prêter, et qui est une des merveilles de l'orfèvrerie du XVIII<sup>e</sup> siècle (ancienne collection Hamilton).

Un service complet en vermeil, exécuté par Henri-Nicolas Cousinet en 1729, pour la reine Marie Leczinska à l'occasion de la naissance du Dauphin, est un des plus exquis ensembles que nous ait laissés le règne de Louis XV; les pièces y sont d'une délicatesse extrême, d'une ornementation discrète et fine. Il appartient à M. Chabrière-Arlès.

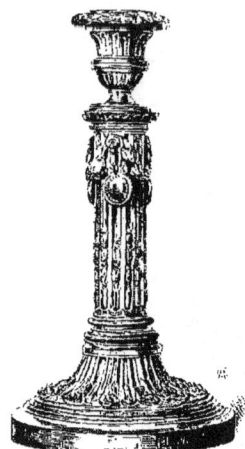

CHANDELIER LOUIS XV
collection de M<sup>lle</sup> Grandjean

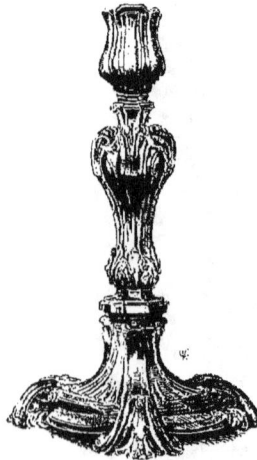

CHANDELIER LOUIS XVI
collection de M<sup>lle</sup> Grandjean

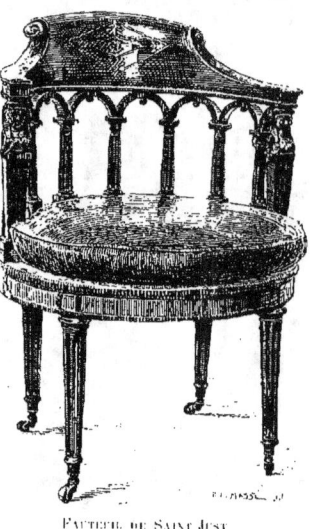

FAUTEUIL DE SAINT JUST
collection de M. Victor Klotz

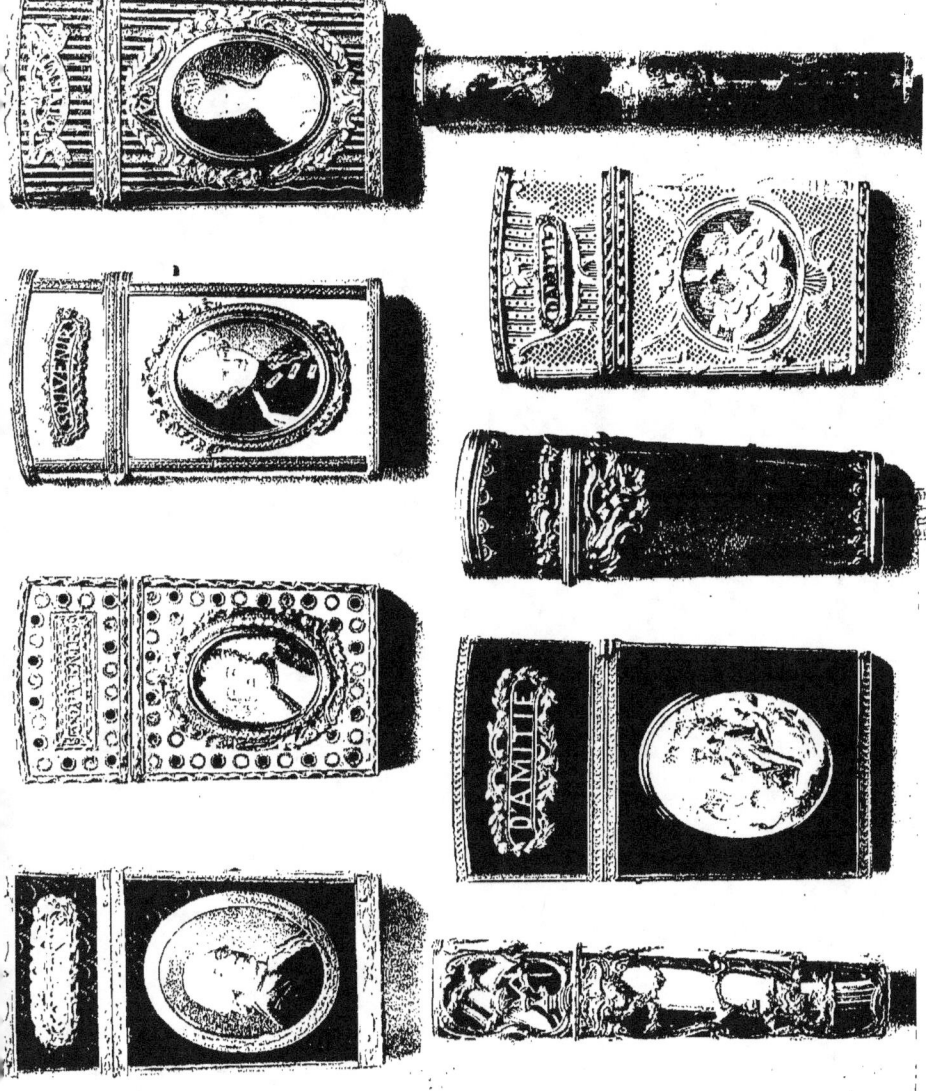

CARNETS DE BAL ET ETUIS, XVIII<sup>e</sup> SIÈCLE (collection de M. Bernard Franck).

Parmi les sculpteurs ornemanistes et les ciseleurs, il ne faut pas oublier ce Philippe Caffieri, le frère du grand sculpteur auquel on doit des bustes d'une si vivante réalité. Les flambeaux du maître-autel de la cathédrale de Bayeux, et les beaux chandeliers de M<sup>me</sup> la baronne Nathaniel de Rothschild pourraient vraisemblablement lui être attribués.

Gouthière enfin, le plus prestigieux de tous, le ciseleur sans égal, devait être l'artiste favori de la du Barry et orner le pavillon de Louveciennes des plus beaux bronzes que le xviii<sup>e</sup> siècle ait connus. Bien des merveilles contenues dans les vitrines du Petit Palais pourraient lui être en toute justice attribuées. Si l'on peut avoir quelque hésitation devant la plus belle des pendules qui y soit exposée, celle de la collection de M. Bianchi, où les deux femmes en bronze doré qui soutiennent le cadran sont d'un faire simple et large, qui rappelle plutôt Delafosse, de même que devant les deux superbes vases de la collection de M. Scott, on ne saurait douter devant la délicieuse petite pendule de la collection de M. Vever, où deux femmes nues, assises et drapées, sont adossées au cadran. Ce nom de Gouthière, d'autres objets le proclament, tels que les deux appliques de la collection de M<sup>lle</sup> Grandjean.

Cet art merveilleux de la ciselure triomphait alors non seulement dans les pièces du mobilier, mais aussi dans ces mille petits objets qui se trouvaient dans les boudoirs et pour ainsi dire dans toutes les mains. Le bijou, même celui qui n'était pas destiné à être porté, était l'objet d'une vogue frénétique. Mercier, dans ses *Tableaux de Paris*, nous dit que les hommes avaient des boîtes pour chaque saison, qu'ils prissent ou non du tabac ; et qu'il était de bon goût d'en changer tous les jours. Le prince de Condé, qui mourut en 1776, laissait une collection de près de 800 tabatières. Il était aussi d'une suprême élégance de porter deux montres. Il y avait encore les flacons d'eau de senteur, les étuis, les boîtes à poudre, et des navettes, pour lesquelles les orfèvres savaient excellemment mélanger des ors de couleurs diverses. Les bijoux du temps de Marie-Antoinette allaient ajouter un nouvel élément de décoration, l'émail, aux finesses de la ciselure. La plupart des montres furent alors émaillées ; un cercle d'or guilloché, ou un rang de pierres fines ornait souvent le boîtier.

Tous ces menus objets exquis, d'un art si raffiné, on les peut étudier au Petit Palais, grâce aux collections de boîtes et de montres prêtées par M<sup>me</sup> la baronne Nathaniel de Rothschild, par le marquis de Thuisy, par M. Bernard Franck, par M. Désaché. Mais aucune série, je pense, n'aura éveillé la curiosité et transporté d'admiration les visiteurs comme celle des carnets de bal prêtés par M. Bernard Franck ; on ne peut rien imaginer d'un art plus distingué, d'un goût plus fin, ni plus grande variété de matière et de technique. Quel enseignement pour les ouvriers d'art de notre temps !

Avant d'en finir avec l'extraordinaire série des objets d'art du xviii<sup>e</sup> siècle, je ne puis pas omettre le plus admirable de tous, celui sur lequel on a le plus écrit, la pendule de Falconet, qui appartient au comte Isaac de Camondo.

Dès les premières semaines sa vue semble avoir affolé du désir de la possession quelques cerveaux impuissants à réfréner leurs convoitises. Tous les journaux ont raconté l'histoire, vraiment extraordinaire, de cet objet d'art, acheté jadis pour quelques centaines de francs par Mannheim, le père, l'ancêtre, à un artiste de Francfort, prise chez lui par le baron Double pour quelques milliers de francs, payé

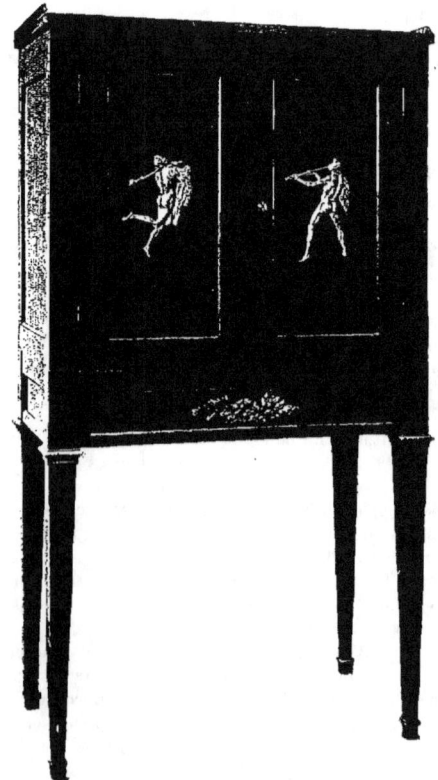

Petit meuble Louis XVI (collection de M. Vial).

101 000 francs par M. Isaac de Camondo à la vente Double et dont deux compétiteurs enragés lui offrirent, il y a quelques semaines, la somme fantastique de 1 500 000 francs. Sans s'arrêter plus longtemps à ces folies, on ne peut dire qu'une chose, c'est que l'objet pourrait les justifier, si elles pouvaient être justifiables.

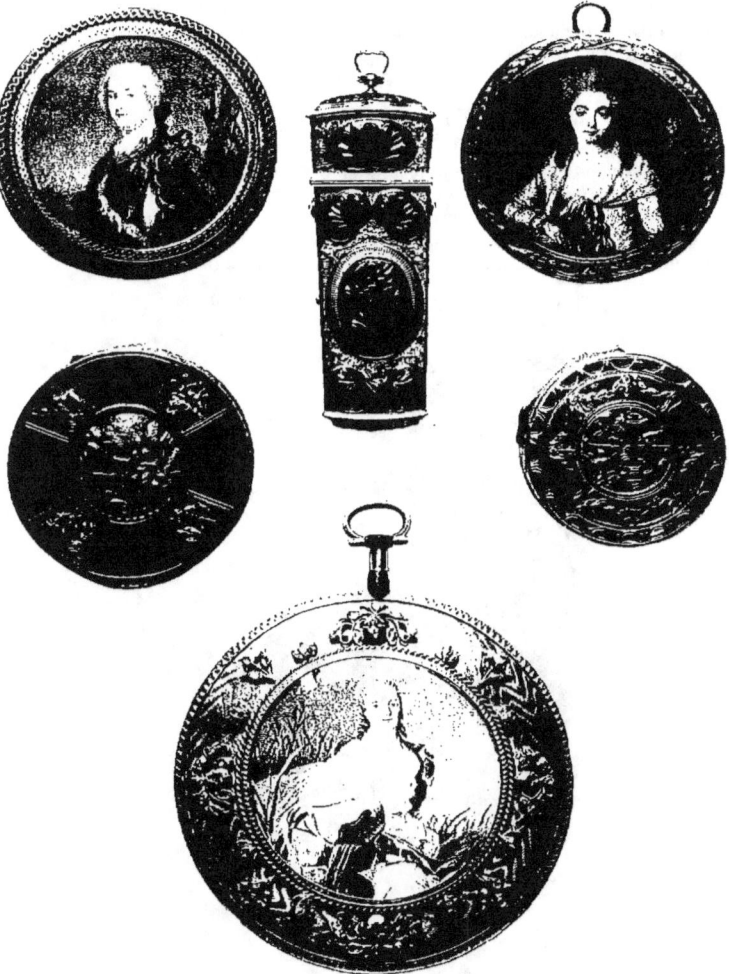

MINIATURES ET BOÎTES DU XVIIIᵉ SIÈCLE
collection de M. Bernard Franck.

Cette pendule de marbre blanc surmontée du groupe des trois Grâces, dont les mains se repassent de l'une à l'autre une guirlande de roses, renferme en soi, et comme quintessenciée, toute la grâce de cette époque charmante, dont elle reflète si bien le goût et l'esthétique.

Arrivé au terme de cette étude si brève sur l'exposition rétrospective de l'art français en 1900, je ne me dissimule pas les lacunes qu'elle peut présenter. C'est un monde immense qu'il a fallu faire tenir en quelques pages. J'aurai du moins conscience de n'avoir pas été trop au-dessous de cette tâche, si j'ai pu donner l'impression que l'art français sort grandi encore, s'il était possible, de cette épreuve, et que nous n'avons qu'à suivre ses glorieuses traces pour conserver ces qualités anciennes, la mesure et le goût, qui jadis ont été notre incontestable supériorité.

Gaston Migeon.

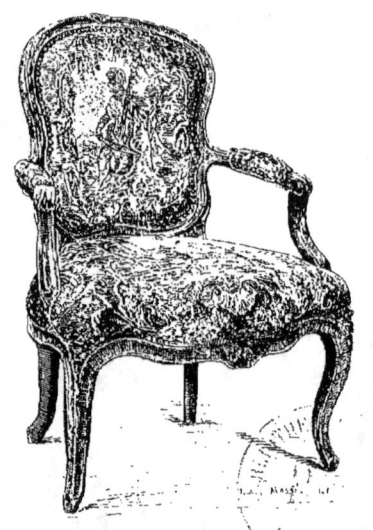

Fauteuil Louis XVI.

www.ingramcontent.com/pod-product-compliance
Lightning Source LLC
Chambersburg PA
CBHW071747240526
45471CB00022B/604